失敗と成功の経営改革

大坪　稔 ［著］
Otsubo Minoru

Corporate Restructuring of Failure and Success

中央経済社

はしがき

現在，新型コロナが猛威をふるい，一部の地域に緊急事態宣言が再び出されている。昨年の春にはじまり，世界中に拡大した新型コロナの影響は我々の日常生活に大きな影響を与えているが，これは企業にとっても同様である。飲食店やホテル，航空会社などでは需要が激減し，業績の悪化が懸念されるが，他方ではIT関連や輸送業などでは需要が拡大し，株価も上昇している。業種によってその影響は異なるであろうが，大多数の企業が影響を受け，その対応に追われたことは間違いない。なかには，これを機に経営改革を迫られる企業も出てくるだろう。

新型コロナのような企業経営に多大な影響を与える出来事は，これまでもたびたび発生しており，リーマンショックなどは記憶に新しいかもしれないが，やはり過去30～40年のなかで，日本企業の経営に最も大きな影響を与えたのは，バブルとその崩壊であろう。多くの日本企業がバブル崩壊後，業績悪化に苦しみ，2000年前後を境とした様々な経営改革により，一部の企業は業績を改善させている。一方，経営改革を実施した企業すべてが当初予定した成果を得ることができたわけではなく，その効果がみられない企業もある。

筆者は，これまで純粋持株会社の採用や完全子会社化など2000年以降に日本企業が実施した企業グループの再編に関連する経営改革が，当該企業の経営をどのように変化させ，その結果として企業の業績改善や株価上昇に寄与してきたのかについて，実証分析を行ってきた。たとえば，純粋持株会社を採用し，かつ上場している数百社を分析対象とし，採用前後の変化をみたり，非採用企業と採用企業を比較したりした。その場合，経営改革を実施した企業が「平均的」にどのように変化したのか，どのような特徴がみられたのかに焦点を当てることが多く，企業の個別要因については十分に分析が行われないことも多い。

本書は，主に2000年以降に日本企業が実施した様々な経営改革を対象とし，日本企業がどのような状況の下で実施し，その結果として経営や事業内容がどのように変化したのか，最終的に業績の改善に寄与したのかをケース・スタディを通じて明らかにしている。したがって，ここで取り扱う経営改革は日本企業が実施したすべての経営改革を網羅しているわけでもなければ，多数の企業をサンプルとする実証研究を行っているわけでもない。それに代わり，個々の企業がどのような状況におかれていたのかなどの個別の要因をできるだけわかりやすく明らかになるように説明している。特に，当該企業が経営改革を実施する前に，どのような経営を行ってきたのか，何を意図して経営改革を実施しようとしたのかに焦点を当てている。当然のことではあるが，経営改革を行った企業の業績が必ず改善する，あるいは当初意図した成果を必ず得るというわけではない。どのような状況にある企業がどのような経営改革を実施するのかが重要であり，単純に経営改革を実施しさえすれば業績が回復するというものではない。タイトルからもわかるように，本書で取り扱っている経営改革についても，失敗したケース，あるいは当初の意図した効果がみられないケースも含まれている。

なお，第２章と第４章については，すでに執筆した論文を加筆修正したものである。前者は「債務の株式化：長谷工コーポレーションの成功事例」（『経済学研究』（九州大学経済学会），第83巻第５・６号，2017年）が，後者は「純粋持株会社採用の事例研究：ビール会社のケース」（『経営分析研究』第36号に掲載予定）がもとになっている。

筆者の所属する大学でも，新型コロナの影響により講義やゼミ，会議がオンラインで行われるようになった。どこにいても仕事ができるというメリットを感じる一方，対面で人と会うことのありがたさ，もっといえばこれまでの日常生活のありがたさを強く感じるようになった。対面での講義やゼミ，国内外への出張など当たり前の日常に早く戻ることができるよう願うばかりである。

最後になったが，前回に引き続き，今回も筆者に出版の機会を与えてくださった中央経済社の山本継社長と，編集を担当していただいた納見伸之氏へお礼を申し上げたい。なお，本書の執筆に際して，村田学術振興財団（2019年度）および2019年度科学研究費補助金（基盤研究(C)，課題番号19K01915）の交付を受けている。記して感謝したい。

2021年１月

大坪　稔

Contents

はしがき

第 1 章 日本企業の経営改革 1

1 日本企業の20年 …… 1
1.1 企業経営の連続性と変化 1
1.2 これまでの経営改革 2
2 本書の目的と構成 …… 3
2.1 目　　的 3
2.2 構　　成 4
3 経営改革と日本企業の変化 …… 6
3.1 リストラクチャリングの定義と種類 6
3.2 日本企業の変化 8

第 2 章 債務の株式化──長谷工コーポレーションの事例 13

1 本章のねらい …… 13
2 債務の株式化の仕組みと債権者 …… 14
2.1 仕 組 み 14
2.2 債権者の立場 17
3 日本企業における導入動向 …… 18
4 長谷工の事例 …… 23
4.1 バブル期までの経営 24
4.2 バブル後の経営 27
4.3 再建計画 31
4.4 債務の株式化 33

5 おわりに …… 36

第3章 配当優先株の発行──伊藤園の事例 39

1 本章のねらい …… 39
2 優先株の定義 …… 40
2.1 株主の権利 40
2.2 配当優先株主の権利 41
2.3 会社法における種類株 42
3 配当優先株の理論価格 …… 43
3.1 配当に基づく理論価格 43
3.2 配当以外の要因 44
4 配当優先株の発行状況 …… 47
4.1 発行状況とこれまでの研究 47
4.2 第三者割当増資による配当優先株の発行 49
5 伊藤園の事例 …… 50
5.1 配当優先株の発行 50
5.2 発行前後の経営状況 53
5.3 配当と株価 57
5.4 株価の説明要因 59
6 おわりに …… 64
[補論1] …… 65

第4章 純粋持株会社の採用──ビール会社の事例 67

1 本章のねらい …… 67
2 純粋持株会社の定義と解禁の経緯 …… 68
2.1 純粋持株会社の定義 68

2.2 解禁の経緯 70
3 純粋持株会社の採用方法とメリット・デメリット …… 71
3.1 採用方法 71
3.2 メリットとデメリット 74
4 純粋持株会社の利用状況 …… 76
5 ビール会社の事例 …… 78
5.1 3社の概要と純粋持株会社の採用 78
5.2 採用前後の変化 82
5.3 収益性 86
5.4 株価の反応 89
6 おわりに …… 92
[補論2] …… 93

第5章 共同出資会社を利用した事業分離──エルピーダメモリの事例 95

1 本章のねらい …… 95
2 提携 …… 96
2.1 提携の種類 96
2.2 資本提携 97
3 事業分離 …… 100
3.1 事業分離の種類 100
3.2 会社分割制度 104
3.3 共同出資による事業分離 106
4 エルピーダメモリの事例 …… 107
4.1 設立の経緯 107
4.2 収益性 110
4.3 事業規模 115
4.4 株価の反応 117
4.5 設立後のエルピーダメモリ 121

5 おわりに ······ 126

第6章
子会社上場と完全子会社化──日立製作所の事例 129

1 本章のねらい ······ 129
2 子会社上場 ······ 130
2.1 米国企業 130
2.2 日本企業 133
3 完全子会社化 ······ 135
4 日立製作所の事例 ······ 138
4.1 上場子会社数の変化 138
4.2 変化の理由 140
4.3 方法別の株価反応 142
4.4 理由別の株価反応 146
4.5 子会社上場後の変化 152
4.6 完全子会社化・合併後の変化 154
5 おわりに ······ 157

第7章
人件費の削減──三洋電機の事例 159

1 本章のねらい ······ 159
2 人件費の削減方法 ······ 159
2.1 減員不補充 160
2.2 早期退職制度 161
2.3 出向・転籍 163
2.4 解　　雇 164
2.5 賃金削減 167
2.6 ワークシェアリング 169

3 日本企業における人件費の削減 ……………… 170
4 三洋電機の事例 ……………… 172
4.1 三洋電機の経営状況 173
4.2 人件費の削減 179
4.3 人件費削減策と株価 185
4.4 失敗の原因 187
5 おわりに ……………… 189

第8章 経営改革の評価と展望 191

参考文献 198
索 引 202

第1章 日本企業の経営改革

1 日本企業の20年

1.1 企業経営の連続性と変化

現在，株式会社の多くが営利企業であり，利益や株価など経済的な目標を追求するために事業活動を行う。近年ではCSR（Corporate Social Responsibility）やESG（Environment, Social, Governance）など社会的な目標についても注目されつつあるが，それでも企業にとって経済的な目標が重要であることはいうまでもない。では，企業はどのようにして経済的目標を追求するのか。事業規模の拡大，優れた技術や製品の開発，新たな市場の開拓，既存の製品やサービスの改善など様々な方法があるだろう。このような方法の多くが，連続性のある長期的な取組みのなかで行われることが多い。たとえば，優れた技術や製品の開発には数年，場合によっては数十年を要することも多く，市場に出てから十分な利益を生み出すまでさらに年数を要するかもしれない。このように，多くの企業は日々の事業活動の積み重ねのうえに成り立っているのであり，連続性のある長期的な取組みが行われている。

これに対し，企業がこれまでの経営を短期間のうちに大きく変化させる場合がある。たとえば，大規模なM&A（Mergers and Acquisitions；合併と買収）

の実施が挙げられる。同業種の企業を対象としたM&Aを実施する場合，短期間で事業規模を拡大させせることができる。また，異業種の企業を対象としたM&Aでは，短期間での事業内容の変更，いわゆる多角化を実施することができる。企業はM&Aを実施せずとも自ら現在の事業規模を拡大させる，あるいは異業種に参入することも可能であるが，一定程度の事業規模に達するまでに長期間を要することが多い。これに対し，M&Aは短期間のうちに大幅な事業規模の拡大や変更が可能であり，これがM&Aが「時間を買う」といわれるゆえんである。

このように，企業が短期間のうちにこれまでの経営を大きく変化させることは，一般に経営改革やリストラなどとよばれる。それでは，どのような企業が経営改革を行うのであろうか。業績が好調な企業がさらなる業績の向上を目指して実施する場合もあるかもしれないが，多くの場合，業績が悪化している，または低迷している企業が経営改革の必要性に迫られて実施する場合が多いであろう。それでは，経営改革を行った企業の業績は必ず改善するのか。経営学や企業経営に詳しくない方でもその答えが「ケースバイケース」であることはわかるであろう。どのような状況にある企業が，どのような経営改革を実施するのかが重要であり，単純に経営改革とよばれるものを実施しさえすれば業績が回復するといったことはないのである。

1.2　これまでの経営改革

周知のように，1980年代後半のバブル期においては，主として株価と地価が高騰し，一時的ではあるものの日本経済も好調であった。そのため，一部の日本企業は事業拡大や財テクとよばれる金融投資を積極的に実施した。また，これらの企業のなかには負債による資金調達を積極的に実施することで事業拡大を行った。しかしながら，1990年代初めにバブルが崩壊すると，その後は長期にわたり景気が低迷する。同時に，日本企業の業績も悪化し，特にバブル期に積極的に事業拡大や金融投資を行っていた企業ほどバブル崩壊から多大な影響を受けることになった。

このようなバブル崩壊後の業績低迷に対し，2000年前後を境として，①日本企業の経営改革を容易にする法制度や，②政府による支援が整備されたこともあり，多くの日本企業が様々な経営改革に着手した。①については，純粋持株会社の解禁（1997年），株式交換・移転制度の導入（1999年），会社分割制度の導入（2000年）などが挙げられ，日本企業はより容易に組織再編を実施することが可能となった。また，②については，産業再生法（1999年）や中小企業経営革新支援法（1999年）などにより，経営改革を企図する企業に対して資金調達上の支援や税制上の優遇措置など様々な支援策が設けられた。

その結果，2000年前後を境として多くの日本企業が経営改革を行い，20年が経過した現在，その成果を検証する時期にきている。無論，2000年以降もリーマンショックなどがあり，日本企業を取り巻く経営環境がその間，一定であったわけではない。それでも，2000年前後に行った経営改革が日本企業をどのように変容させ，その結果として業績の改善につながったのか否かについて検証することは重要であろう。

2　本書の目的と構成

2.1　目　　的

本書の目的は，主として2000年以降に日本企業が実施した様々な経営改革を対象として，日本企業がどのような状況のもとで実施し，その結果として経営や事業内容がどのように変化したのか，最終的にパフォーマンスの改善に寄与したのかをケース・スタディを通じて明らかにすることである。したがって，本書で取り扱う経営改革は日本企業が実施したすべての経営改革を網羅しているわけでもなければ，多数の企業をサンプルとする実証研究を行っているわけでもない。

それに代わり，個々の企業がどのような状況におかれていたのか，についての個別の要因についてできるだけわかりやすく明らかになるように説明している。また，本書で扱っているケースのすべてが経営改革の結果，当該企業のパフォーマンスが改善した「成功事例」であるというわけではない。経営改革を試みたものの，実際にはうまくいかなかった，すなわちパフォーマンスが改善されなかったケースも含まれる。また，各章は独立しているため，興味のある章だけ読んでいただいても十分に理解できるようになっている。

2.2 構　　成

本書では，これまで日本企業が実施してきた様々な経営改革のなかから，2000年以降に新たに実施可能となった，あるいは実施されるようになった経営改革に主として着目し，個別企業を対象としたケース・スタディを行う。したがって，その多くがバブル崩壊後の企業業績の長期的な低迷に対応するために実施されている。これは，経営改革の目的がパフォーマンスの改善にあることから考えれば，当然のことであろう。

最初に，第２章では債務の株式化について長谷工コーポレーションのケースをみていく。同社はバブル期に，負債を用いた資金調達を行い，積極的に事業規模の拡大を行った点で典型的なバブル期の日本企業であった。その結果，当然のことではあるものの，バブル崩壊後は業績の低迷と巨額の負債により債務超過となる。このような危機的な状況を打開する一手段として同社は債務の株式化を実施したのである。同社がどのような状況のなかで債務の株式化を実施し，実施後はどのように事業を変化させていったのか，同社の業績はどうなったのかについてみてみる。

第３章では，優先株の発行について伊藤園のケースについてみてみる。優先株は旧商法でその発行が規定されており，従来から利用可能であったものの，その利用が注目されるようになったのは，1990年代のバブル崩壊以降に銀行が公的資金を受け入れるために優先株を利用してからである。ただし，銀行が発行した優先株は一般の投資家によって売買が行われていたわけではなく，市場価格が存在していたわけではない。これに対し，伊藤園が発行した優先株は東証に上場しており，市場価格が存在する。ここでは，2007年に同社が発行し，株式市場へ上場させた優先株についてみていく。

第４章では，純粋持株会社の採用についてビール事業に従事するキリンビール（現 キリンホールディングス），アサヒビール（現 アサヒグループホールディングス），サッポロビール（現 サッポロホールディングス）のケースについてみていく。純粋持株会社は1997年に解禁されてから，組織再編とM&Aの目的で利用されてきた。組織再編は，主として事業持株会社であった親会社を純粋持株会社とすることを意味[1]しており，親会社と子会社・関連会社から構成される企業グループを対象とした組織再編である。一方，M&Aの目的については複数の企業が共同で純粋持株会社を設立し，その傘下企業となる，いわゆる経営統合のために用いられている。ここでは，企業グループの組織再編のための純粋持株会社の採用についてみていく。

第5章では，共同出資会社を利用した事業分離についてエルピーダメモリのケースについてみていく。複数の企業が共同出資を行うことで設立される共同出資会社は資本提携の一形態である。エルピーダメモリの場合，日立製作所と日本電気（NEC）が共同出資を行うことで設立されている。ただし，両企業は事業の一部を分離する一手段としてエルピーダメモリを設立しており，両企業にとって共同出資会社の設立は事業分離，すなわちダイベストメント（Divestment）のためであった。このように，ここでは共同出資について扱うものの，設立する企業側の立場に立てばダイベストメントを目的としているため，ダイベストメントを目的とした共同出資会社の利用についてみていく。

第6章では，子会社上場とその完全子会社化について日立製作所のケースについてみていく。親会社が子会社を上場させ，上場子会社として存続させることは，バブル期とは無関係にこれまで長期にわたって一部の日本企業により実施されてきた。一方，上場子会社を対象とした完全子会社化は，1999年の商法改正以降に株式交換制度を用いて実施可能となり，その利用が増加した。日立製作所は子会社数[2]において日本有数の企業であり，それゆえに多数の上場子会社を有し，その一部が2000年以降に完全子会社化の対象となった。したがって，日立製作所は，なぜ一部の子会社を上場させたのか，さらには2000年前後を境として上場子会社を対象とした完全子会社化がなぜみられるようになったのかについてみていく。

第7章では，人件費を削減する様々な方法について，三洋電機のケースについてみてみる。企業の人件費は，従業員数×賃金額であるため，人件費を削減するためには，従業員数を減らすか，あるいは1人当たりの賃金額を減少させ

1　それ以外では，企業グループの中間に位置する子会社を純粋持株会社へ変更する中間持株会社の採用が挙げられる。

2　2019年3月期における同社の連結子会社数は803社である。

る必要がある。バブル崩壊以降，日本企業は一部事業の撤退をはじめとする事業規模の縮小を実施する必要があったにもかかわらず，迅速かつ十分に事業規模を縮小させることができなかった。この理由の１つが従業員数の削減を十分に行うことができなかったためである。設立年が古い大企業であればあるほど，いわゆる「終身雇用」神話に縛られ，従業員数の削減に躊躇する，あるいは十分に削減することができず，そのことがバブル崩壊後に長期にわたって日本企業の業績を低迷させる一因となってきた。ここでは，三洋電機がどのように従業員数を削減させようとしたのかについてみてみる。

最後に，第８章ではこれまでみてきたケースについて再検討するとともにそれぞれのケース間の関係性についてみていく。そのうえで，経営改革に関する展望を述べる。

3　経営改革と日本企業の変化

本章の締めくくりにあたり，経営改革の定義とこれまでの日本企業全体の変化についてみてみる。本書のタイトルにもあるように，ここまで経営改革という用語を用いてきたが，アカデミックにはリストラクチャリングという用語が用いられることが多い。そこで，リストラクチャリングの意味と種類についてみてみる。次に，1990年代後半から現在に至るまで日本企業が全体としてどのように変化してきたのかについてみてみる。

3.1　リストラクチャリングの定義と種類

リストラクチャリング（Corporate restructuring）は，日本語では「事業の再構築」とよばれることが多く，パフォーマンスの改善を目的として企業の経営を大幅に変化させることを意味する[3]。したがって，業績の悪化した，あるいは低迷している企業がリストラクチャリングを実施することが多い。ただし，何がリストラクチャリングに該当するのか，様々なリストラクチャリングがどのように分類されるのかという点については多様性があり，必ずしも定まって

3　大坪（2005），12頁。

いるわけではない。

たとえば，リストラクチャリングを企業の業績悪化に対応するために実施するとし，経営陣の変更などを意味する「経営リストラクチャリング」，コスト削減や収益増加，レイオフ（Layoff），事業部門の統廃合を意味する「事業リストラクチャリング」，M&Aやダイベストメント，あるいは提携を意味する「資産リストラクチャリング」，資本構成や配当政策の変更を意味する「財務リストラクチャリング」，の4つに分類することがある[4]。これらのなかで，M&Aについてはリストラクチャリングとは無関係にそれ自体で膨大な研究が蓄積されていることもあり，M&A以外のものをリストラクチャリングとする場合もある[5]。また，ダイベストメントなどバランスシートの資産に主として関係するものをリストラクチャリングとし，負債削減や増資など負債や資本に関係するものを財務リストラクチャリングと分類する場合もある[6]。さらに，M&Aなど企業外部に関連するのか（外部リストラクチャリング），組織再編や子会社再編などの企業内部に関連するのか（内部リストラクチャリング）によって分類する場合もある[7]。

ここでは，比較的様々なリストラクチャリングを網羅しているDePamphilis（2017）の分類するリストラクチャリングについてみてみる。**図1－1**はリストラクチャリングの類型を示している。リストラクチャリングは事業リストラクチャリングと財務リストラクチャリングに大別され，事業リストラクチャリングは労働関係，提携，ダイベストメントとM&Aの4つに分類される。労働関係については，レイオフなどの労働力削減や雇用形態の変更による人件費の削減などが挙げられる。また，提携には他企業との共同出資，業務提携，資本提携などが含まれる。事業分離を意味するダイベストメントにはセル・オフ（Sell off），スピン・オフ（Spin off），エクイティ・カーブ・アウト（Equity carve out）などが含まれる。最後に，M&Aは買収や合併，一部事業の取得などのことである。一方，財務リストラクチャリングには株主の構成や負債の大幅な変

4　Sudarsanam and Lai（2001），pp.184-187.

5　Baker and Kiymaz（2011）

6　Yawson（2009），Gaughan（2002）

7　Brickley and Drunen（1990）

図 1－1　リストラクチャリングの類型

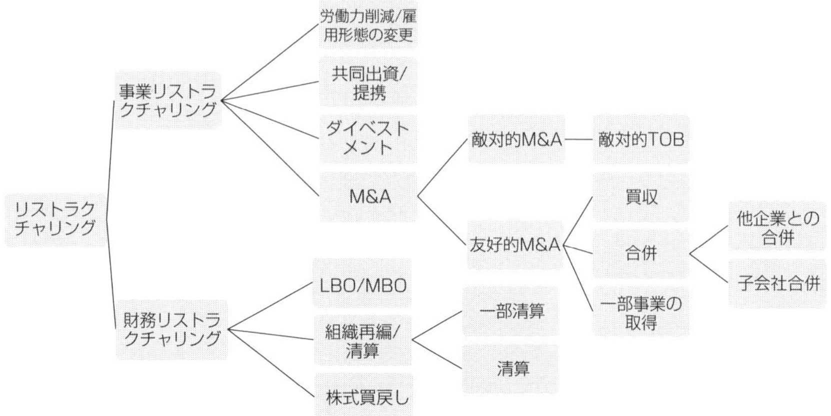

出所：DePamphilis（2017），p.15の図1.2を一部改変。

更を伴うMBO（Management Buyout）やLBO（Leveraged Buyout），組織の再編や事業部門などの清算，自社株の買戻しなどが含まれる。

3.2　日本企業の変化

最後に，1990年代後半以降，日本企業がどのように変化したのかについて概観する。なお，ここで用いているデータは，Financial QUESTの業種集計値の全産業の値であり，上場している日本企業の値をおおむね集約したものである。

図 1－2 は，1996年の資産額を100とする日本の上場企業の資産額の推移を示している。ここでの単独は親会社のみの値を，連結は親会社と子会社の合計の値を意味する。多少の増減はみられるものの，この期間は単独においても連結においても資産額が増大している，すなわち事業規模を拡大させていることがわかる。ただし，単独よりも連結の伸びが大きいことから，子会社を通じた事業規模の拡大が行われたことがうかがえる。

図 1－3 は同期間における負債比率（=負債額/総資産額×100）の推移を示している。単独においても連結においても負債比率がほぼ一貫して低下しており，この間，負債の割合を減少させたことがわかる。**図 1－2** では事業規模が拡大していたため，日本企業は株主資本を増加させたことがうかがえる。

図１－２　資産額の推移

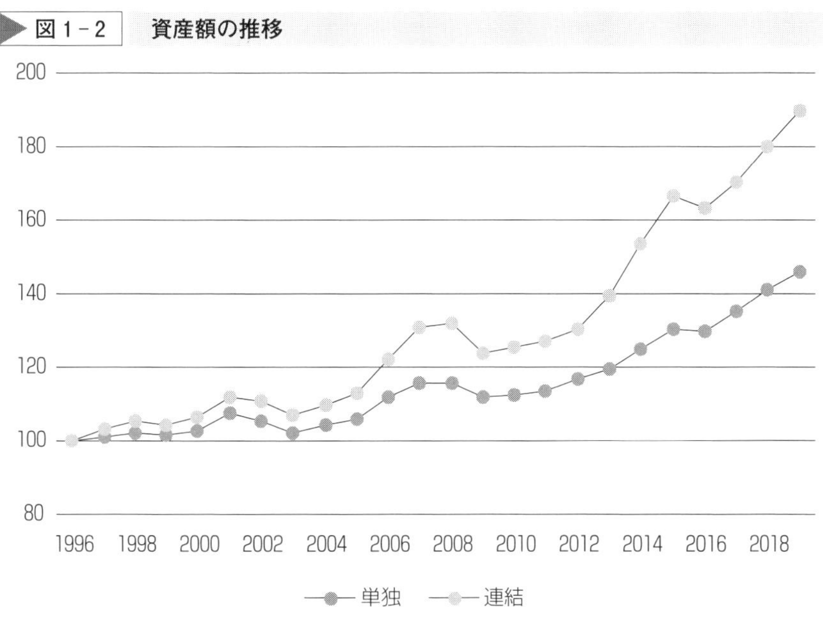

図１－３　負債比率の推移

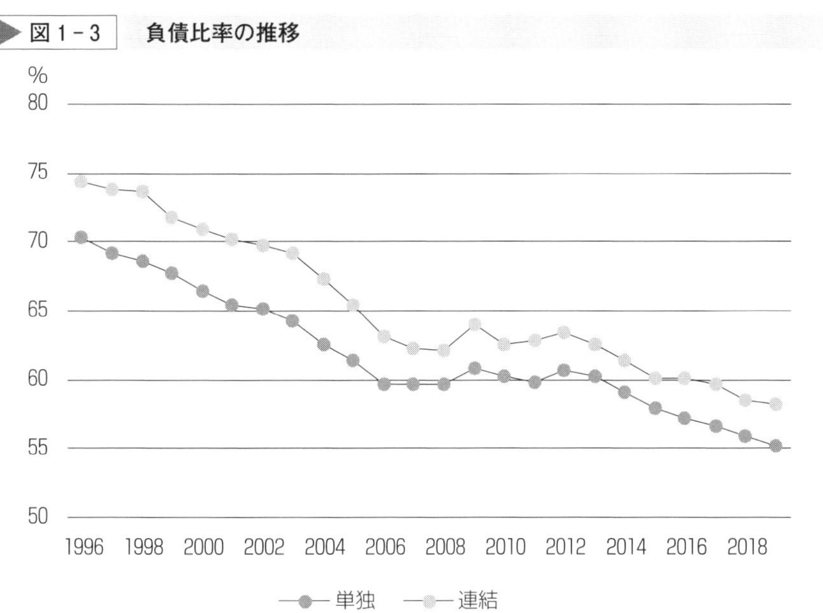

図１－４と**図１－５**は1996年の値を100とする連結子会社数と従業員数の推移を示している。**図１－２**からは子会社を通じた事業拡大が予期されたが，**図１－４**より連結子会社の数が増加しており，子会社による事業拡大が行われたことがうかがえる。また，子会社による事業拡大をより鮮明に示したのが**図１－５**の従業員数の推移である。同図より，単独が減少する一方で連結の従業員数が増加していることがわかる。このことは，親会社の従業員数が減少している一方で，子会社の従業員数が増加していることを意味しており，子会社の事業規模を増大させてきたことがわかる。もっとも，このような従業員数の変化については，多くの日本企業が親会社を純粋持株会社とする組織再編（第４章を参照）を実施したためかもしれない。

最後に，**図１－６**は総資産営業利益率（=営業利益/総資産額×100）の推移を示している。単独においても連結においても2000年に入ると業績が回復するものの，2009年には急落し，その後は再び改善する。2009年の急激な業績の悪化はリーマンショックによるものであると考えられ，これを除けば2000年以降は業績が回復傾向にあったことがわかる。

図１－４　連結子会社数の推移

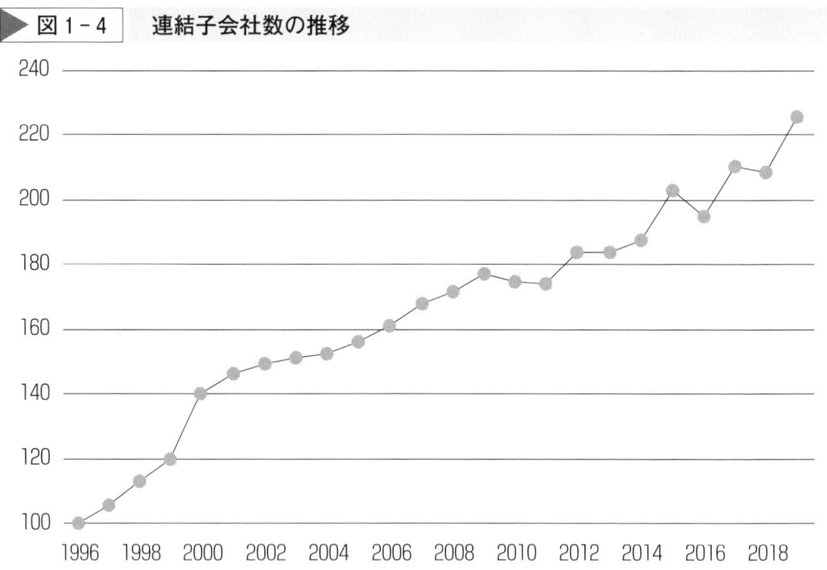

図１－５　従業員数の推移

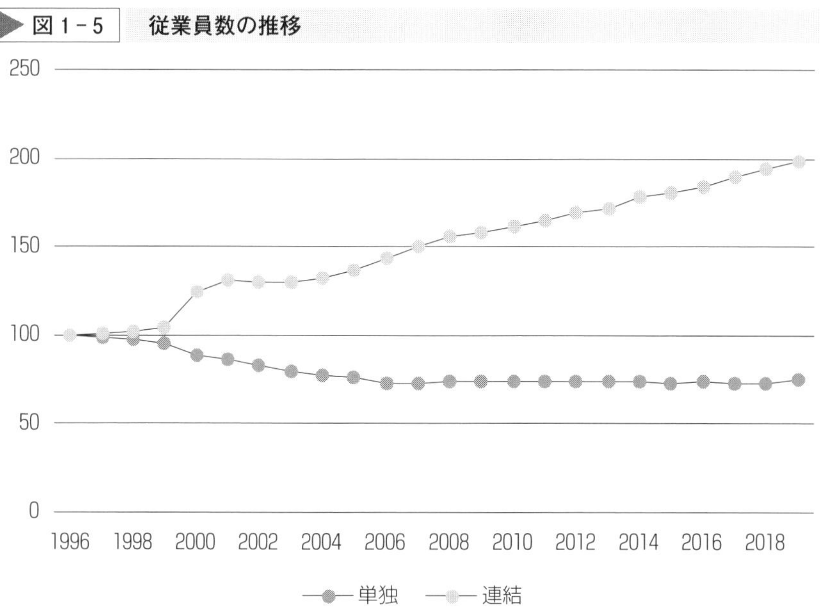

図１－６　総資産営業利益率の推移

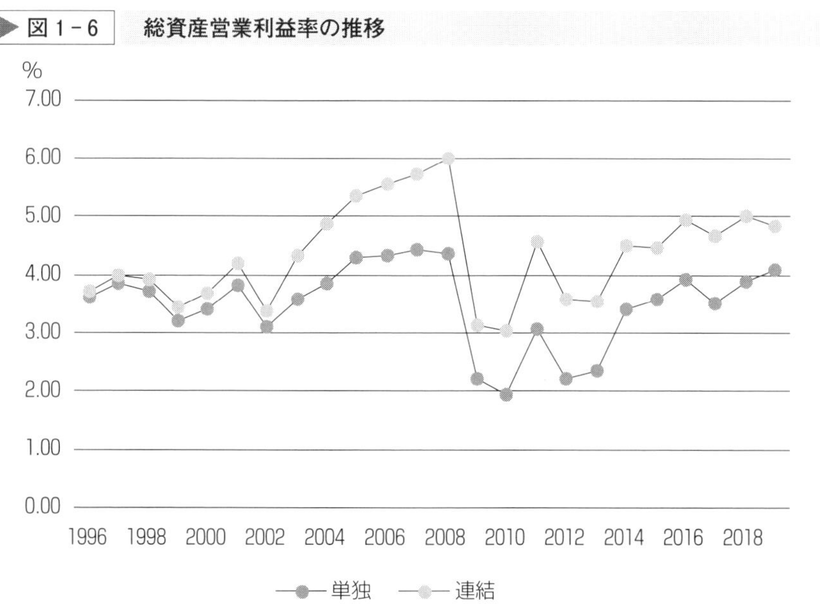

これまで，1996年以降の日本企業の全体的な傾向について概観してきたが，個々の企業に着目した場合，必ずしも同様の傾向を示すわけではない。しかしながら，これらの結果は多くの日本企業が2000年前後を境にリストラクチャリングを実施し，業績を改善させた可能性があることを示唆している。

第2章

債務の株式化

長谷工コーポレーションの事例

1　本章のねらい

債務の株式化はデット・エクイティ・スワップ（Debt Equity Swap）ともよばれ，負債を当該企業の株式へ転換することを意味する。そのため，実施企業にとって負債の減少と株主資本の増加が同時に生じる，すなわち資本構成の大幅な変化をもたらす点で**図1－1**の財務リストラクチャリングに属する[1]。

本章の目的は，どのような状況にある日本企業が債務の株式化を実施し，それが当該企業の経営改善に寄与したのかについて明らかにすることである。債務の株式化は1990年代後半より実施に向けての議論が行われ，2000年以降，そ

1　債務の株式化を分析対象とした研究は少なく，Banerji（2008）とHand（1989）が挙げられる。Banerji（2008）は経営者－投資家間で情報の非対称性が存在する状況のもとで，債務の株式化がシグナルの役割を果たすことを理論的に明らかにしている。一方，Hand（1989）は債務の株式化を行う動機として，EPS（Earnings Per Share）の平準化と減債基金の制約の緩和の2つを挙げ，前者が米国企業の動機となることを明らかにしている。ただし，Hand（1989）によれば，米国企業の債務の株式化は投資銀行が社債保有者から社債を買い集め，それを当該企業の株式と交換する。これは，後述するように日本企業がメインバンクをはじめとする金融機関との間で債務の株式化を実施するという点で，日本企業の債務の株式化とは大幅に異なる。貸し手が金融機関である場合，借り手企業には減債基金を設定する必要がない点や，メインバンクと借り手企業間の情報の非対称性が小さいと考えられる点で，少なくとも米国と日本の債務の株式化は異なる。

の利用が始まっており，日本における歴史は比較的短い。そこで，はじめに債務の株式化の仕組みと日本企業における導入動向についてみてみる。そのうえで，2002年に債務の株式化を行った長谷工コーポレーション（以下，長谷工とよぶ）の事例についてみてみる。

2　債務の株式化の仕組みと債権者

2.1　仕組み

債務の株式化は，その名のとおり企業の債務，すなわち負債を当該企業の株式へ転換することを意味する。**図2－1**は債務の株式化の例を示している。この例では，当初あった負債100円のうち，半分の50円を株式へ転換したため，実施後は株主資本が100円から150円に増加すると同時に負債は50円へ減少する。一方，資産のほうは債務の株式化によって影響を受けない。

このように，債務の株式化は負債の減少と株主資本の増加を同時にもたらす点で資本構成を大幅に変化させる一方，当該企業の資産には何ら影響を与えない。債務の株式化を実施するためには，負債の提供者，すなわち社債保有者や銀行の同意を得る必要がある。なぜなら，資金の貸し手である債権者の立場に

図2－1　債務の株式化の例(1)

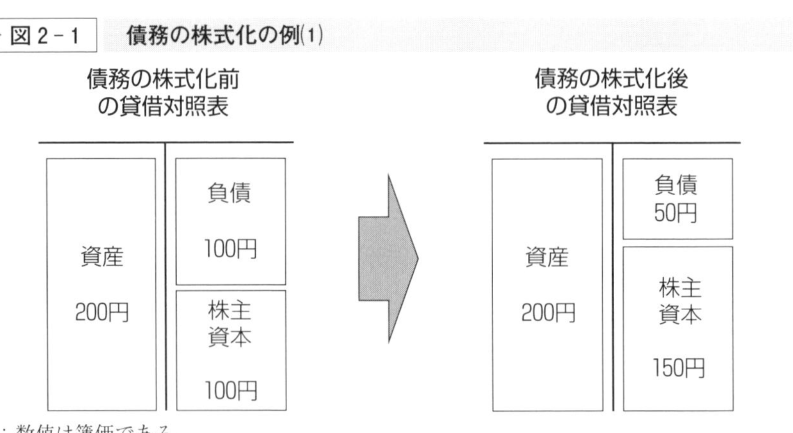

注：数値は簿価である。
出所：筆者作成。

たてば，債務の株式化は企業に貸し付けている債権が株式へ変化する，すなわち債権者の資産内容を大きく変化させるためである。なお，**図2－1**の企業は，負債100円，株主資本100円という状態であり，比較的健全な企業の例である。債務の株式化を行う企業が実際にはどのような経営状態にあるのかについてはのちに説明する。

■負債による資金調達

このように，債務の株式化は簡単にいえば，負債の減少と株主資本の増加を同時にもたらす財務リストラクチャリングといえる。したがって，負債比率を大幅に低下させたい企業にとって極めて便利な手法である。通常，負債比率を低下させようとした場合，負債の返済，あるいは株式発行などによる株主資本の増加を実施する必要がある。これに対し，債務の株式化はこれらを同時に行い，短期間のうちに大幅に負債比率を低下させることができる。

それでは，なぜ企業は負債比率を低下させる必要があるのか。総資産あるいは株主資本に対して負債の割合が高い企業は，一般に債務不履行，すなわち倒産の可能性が高くなる。なぜなら，負債を多く抱えた企業ほど債務を履行できない可能性が高まると一般に考えられるためである。その結果，高負債比率の企業は負債比率を低下させることで倒産の可能性を低下させようとする。

そのため，「何らかの理由」で負債を過度に抱えた企業は，負債を迅速に減少させる必要性に迫られ，その一手段として債務の株式化が用いられるのである。

■実際の債務の株式化

それでは，企業が過度に負債を利用してしまう「何らかの理由」とはいったいどのような理由であろうか。一般に考えられるのが，経営の悪化である。売上が次第に減少する，あるいは突発的なアクシデントにより一時的に費用が急増することで業績が悪化した企業では事業活動を継続するうえで必要不可欠な資金が不足する。この資金不足を補うために外部資金を調達する必要性に迫られ，負債による資金調達を繰り返し，その結果として高負債比率の状態となる。資金調達の手段としては株式発行も考えられるが，業績の悪化した企業は株価も低く，公募増資による資金調達を十分に実施することができない，あるいは実質的に実施することが困難となる。また，業績が悪化した企業では，当然，当期純利益も低くなる，あるいはマイナスとなるため，内部留保による資金調達も困難となる。その結果，消去法として負債による資金調達が選択されるものの，経営状況が改善されない場合には，負債による資金調達が繰り返され，その結果として高負債比率の企業となる。

このように考えれば，債務の株式化を実施する企業は，健全な経営状態にある企業というよりも，長期的な業績の低迷などの理由から高負債比率となった企業であることが多い。そうであれば，**図2-1**のような健全な企業が債務の株式化を実施するというよりも債務超過，あるいは債務超過に近い企業が債務の株式化を実施することになる。

図2-2は債務超過の状態にある企業が債務の株式化を行う例を示している。同図の企業は株主資本の額がマイナスとなっているため債務超過企業である。このような企業において，負債50円を株主資本へ転換させることにより，負債が50円に減少すると同時に株主資本がプラスとなり債務超過の状態ではなくなる。これにより，債務不履行のリスクを減少させたり，上場廃止基準に抵触する状態を回避したりすることが可能となる。ただし，このような取引が成立するためには，前述のように債権者の同意が必要となる。

図2-2　債務の株式化の例(2)

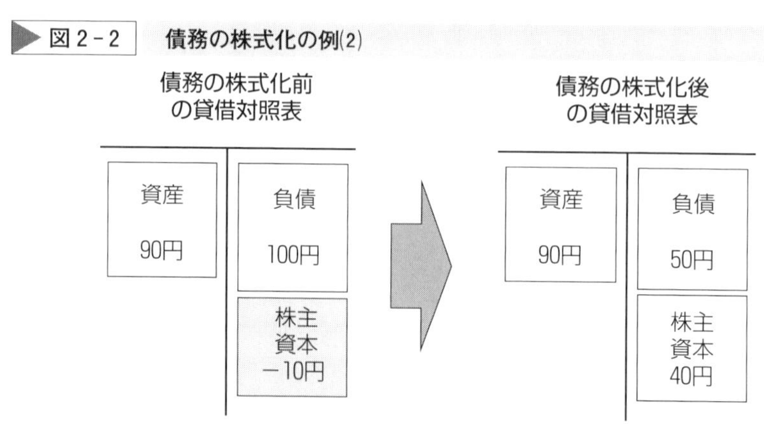

注：数値は簿価である。
出所：筆者作成。

2.2　債権者の立場

■債権者の同意

債務超過あるいはそれに近い企業に対し，債権者は自らの債権を株式へ転換することに同意するであろうか。通常，**図2－2**のような状態にある企業の株式には価値がほとんどないため，債権者としては自らの債権をほとんど価値のない株式へ転換することに反対するかもしれない。ただし，①当該企業が倒産すれば，債権者が実際に回収できる額が大幅に減少することが見込まれること，②債務の株式化により当該企業が当面，倒産を回避することができること，③長期的には業績が改善し，それに伴って株価の上昇が見込まれることという条件があれば，債権者は「債権」の株式化に同意する可能性がある。

①については，一般に企業が倒産する場合，当該企業が所有する資産の売却価値は簿価よりもかなり低い場合が多く，従業員などへの支払いが優先されることから，債権者は貸付額を大幅に下回る額しか回収できない場合が多い。**図2－2**の債務の株式化前の負債100円は額面であり，実際の価値，すなわち負債の時価はデフォルトの可能性を反映して100円よりもずっと低くなるはずである。

②については，債務の株式化により負債額が減少して債務超過が解消し，同時に利子の支払額も減少するのであれば，当面の間，倒産を回避することは可能であろう。

最も難しいのは，③の長期的な業績の改善である。**図2－1**でも説明したとおり，債務の株式化それ自体は企業の資産構成に影響を及ぼさない。したがって，実施企業にとって債務の株式化により②は達成可能であるものの，債務の株式化だけで③を達成することは困難である。もし，長期的な業績の改善が見込めないのであれば，株価は上昇しないため，債権者が受け取った株式の価値は低いままとなる。このような状況が予想される企業に対し，債務の株式化の提案を受け入れる債権者はいないであろう。このように，③の長期的な業績の改善を達成するためには債務の株式化以外のリストラクチャリングを実施する必要があり，これがない場合は債権者から同意を得ることが難しく，その結果として債務の株式化の実施は困難になるであろう。

■デット・オーバーハングと業績改善

業績を改善させるためには，債務の株式化以外の何らかのリストラクチャリングを実施する必要があると述べたが，これを投資の観点から考えた場合，デット・オーバーハング（Debt overhang）の状態にある企業[2]において債務の株式化が実施されるかもしれない。デット・オーバーハングとは過剰債務すなわち負債比率が過度に高いために新規投資のための資金調達が実施できない状態を意味する。負債比率が過度に高い企業においては，有望な新規投資（すなわち，ここでいう業績を改善させるような投資案）を企業が有していたとしても，そのための資金調達を実施することができない。なぜなら，新規に投資家が資金を提供し，企業がその投資案を実施したとしてもそこから得られるリターンの大部分は既存の債権者のものとなるためである。その結果，資金を新たに提供してくれる投資家は存在せず，有望であるはずの投資案も実施することができなくなる。本来，業績を高めるような有望な投資案を企業が有しているにもかかわらず，それを実施することができないことは企業経営上，問題である。このような問題は過剰債務という状態から生じており，債務の株式化により過剰債務が解消されるのであれば，有望な新規投資案のための資金調達が可能となり，その結果として業績改善が見込まれるかもしれない。

3　日本企業における導入動向

日本企業が債務の株式化を積極的に導入するようになったのは2002年以降である。それまで債務の株式化の実施に向けて様々な議論が各方面でなされてきたが，ここでは債務の株式化の実施に強い影響を与えたであろう４つの出来事についてみてみる[3]。

■産業競争力会議

日本において，債務の株式化が注目されるようになったのは1999年の産業競

2　砂川（2002）を参照。
3　本節の大部分は，関（2002）と熊倉（2004）によっている。

争力会議であるといわれる[4]。同会議は，当時の小渕内閣により首相直属の機関としてつくられており，官民が協力して経済システムの改革，企業経営の効率化などに取り組むことを目的としていた。そのため，メンバーとしては当時の小渕恵三総理大臣をはじめとして主要な閣僚が官側として，一方，民側のメンバーとしてソニーの社長であった出井伸之氏，新日本製鐵の会長で経団連の会長でもあった今井敬氏などが参加した。この会議の第一回会議（1999年３月29日）において，過剰債務の状態にある企業を対象とした債務の株式化が提唱された。これを契機として，その後は様々な立場から債務の株式化に関する提案がなされたが，債務の株式化の主たる利害関係者が債務者である企業と銀行などの債権者であることから，両者が利用しやすいような制度の整備へ次第に焦点が当てられるようになった。

■券面額説

図２－１でみたように，債務の株式化は債権者が有する債権を当該企業の株式へ転換することを意味する。これを実施するにあたり，債権者を引受先とする第三者割当増資を実施し，債務者である企業が第三者割当増資を行って得た資金を用いて負債の返済を行う方法と，債権者が所有する債権を債務企業へ現物出資する方法の２つの方法が考えられる。このうち，前者については債権者側が一時的に資金を準備する必要があるなどの問題があるため，後者のほうが容易である。ただし，その場合，現物出資の対象となる債権を時価で評価するのか（評価額説），それとも券面額，すなわち額面で評価するのか（券面額説），という問題がある。

額面で評価する場合，債権の償還時に債権者が得られる金額が評価額となる。これに対し，時価で評価する場合，言葉のとおりその時点の債権の価値が評価額となる。債権の時価は，金融市場の金利の変化や当該企業のデフォルトの可能性によって影響を受ける。金融市場の金利が上昇した場合，あるいは当該企業のデフォルトの可能性が高まった場合，債権の価値は低下する。

一般に，債権の額面と時価は株式の場合ほど乖離しない。両者があまり乖離

4　関（2002），２頁。

していないのであれば，どちらで評価するのかはそれほど問題にならないかもしれない。しかしながら，**図２－２**でみたように債務の株式化を実施する企業は債務不履行の状態となっている，あるいはその可能性がかなり高い状態にある。当然，このような企業の債権を時価で評価した場合，著しく額面を下回ることとなる。その結果，現物出資を行うにあたり，債権者の債権をどちらで評価するのかは債権者と債務者の双方にとって重要な問題となる。

時価で評価することは，現在の価値で取引を行うということになり，株主－債権者間の公平性という観点からは望ましいかもしれない。ただし，この場合，適切な債権価値の算定のために裁判所が任命する検査役による調査が必要とされ，これにより「検査役調査には期間数カ月，費用1,000万円近くを要することも珍しくない」[5]とされる。さらに，債権者は債務の株式化に際して，額面と時価の差額部分について債権放棄を実施する必要が生じる。

これに対し，額面で評価する場合には，これらの手続がない点で期間も費用も大幅に削減可能となる。ただし，時価を大幅に上回る金額が現物出資の金額として用いられるため，債務者である企業側の株主にとって不利な条件での増資となる。もっとも，債務の株式化が実施できなければ企業が倒産するような状況においては，株主にとって必ずしも不利な条件とはいえないかもしれない。

このように，債務の株式化に際しては債権の評価方法として時価と額面が考えられるが，2000年に東京地方裁判所が額面での評価，すなわち券面額説を採用することを明らかにしたことにより，容易に債務の株式化を行う条件が整備された。

■銀行の株式保有規制

表２－１が示すように，従来，金融機関は独占禁止法第11条および銀行法第16条の４により，５％超の他企業の株式の取得や長期所有が禁止されてきた。債務の株式化の実施は金融機関による他企業の株式の所有比率を高めるため，債務の株式化により銀行が５％超の議決権を所有するようになる場合にはこの規制に抵触する可能性がある。

5　熊倉（2004），78頁。

表２−１　金融機関の株式所有規制

独占禁止法第11条　銀行又は保険会社の議決権保有の制限

銀行業又は保険業を営む会社は，他の国内の会社の議決権をその総株主の議決権の百分の五（保険業を営む会社にあつては，百分の十。次項において同じ。）を超えて有することとなる場合には，その議決権を取得し，又は保有してはならない。ただし，公正取引委員会規則で定めるところによりあらかじめ公正取引委員会の認可を受けた場合及び次の各号のいずれかに該当する場合は，この限りでない。

銀行法第16条の４

銀行又はその子会社は，国内の会社（第16条の二第一項第一号から第六号まで，第十一号及び第十二号の二から第十三号までに掲げる会社（同項第十二号の二に掲げる会社にあつては，特別事業再生会社を除く。）並びに特例対象会社を除く。次項から第六項までにおいて同じ。）の議決権については，合算して，その基準議決権数（国内の会社の総株主等の議決権に百分の五を乗じて得た議決権の数をいう。以下この条において同じ。）を超える議決権を取得し，又は保有してはならない。

2001年，独占禁止法，銀行法ともに金融機関の株式所有については一部緩和された。具体的には，独占禁止法の場合，第11条において銀行が５％超の他企業の議決権を有することは禁止しているものの，ただし書きにおいて「公正取引委員会の認可を受けた場合」という除外規定を設けている。公正取引委員会は，つぎにみる産業再生法に基づく債務の株式化については５％ルールの対象外とした。同様に，銀行法においても速やかに処分することを条件に５％超の株式の所有が認められるようになった。この結果，金融機関の５％という株式所有規制は，債務の株式化を実施するうえでの障害ではなくなった。

■産業再生法

1999年10月に施行された産業再生法（産業活力の再生及び産業活動の革新に関する特別措置法）は，産業・企業の前向きな取組みを支援するために措置された制度であり，大きくは⑴認定事業者に対する税制，金融，会社法の特例等の優遇措置，⑵産業革新機構，事業再生ADR，中小企業再生支援協議会，特定通常実施権登録に関する体制の整備，に大別される。このうち，⑴において，認定事業者が債務の株式化を実施する際の優遇措置として，現物出資における

図2－3　産業再生法に基づく債務の株式化の実施件数

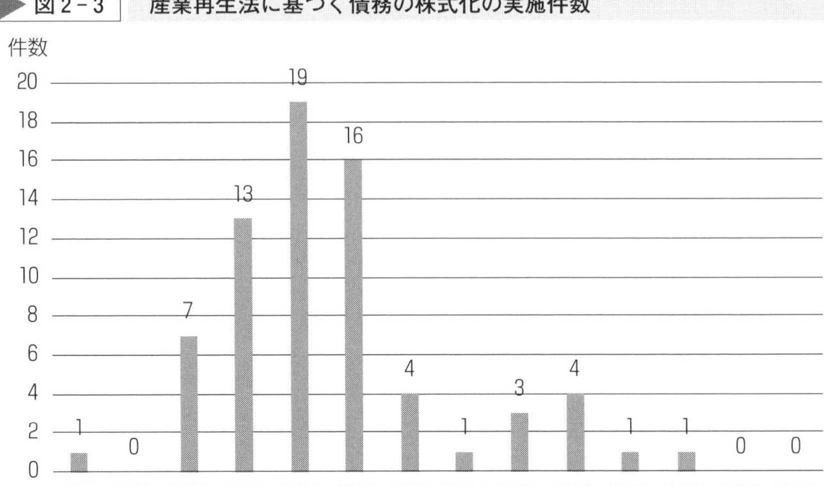

注：2003年３月末までは改正前産業再生法，それ以降は改正後産業再生法における認定数である。同法は2014年に廃止され，代わりに産業競争力強化法が施行されている。

出所：経済産業省のホームページ（http://www.meti.go.jp/policy/jigyou_saisei/sankatsuhou/nintei/past_result.html，2016年３月25日）の「平成15年改正前の認定計画」および「平成15年改正後の認定計画」より筆者作成。

検査役調査の簡素化，登録免許税の軽減，優先株発行枠の拡大などが認められるようになった。

図2－3は，同法が廃止される2014年までに債務の株式化を申請・認定された企業数を示している。2003年から2005年までの間に債務の株式化が積極的に実施されていることがわかる。同図からは明らかでないものの，これらの企業にはダイエー（2000年），長谷工（2002年），いすゞ自動車（2002年）などの上場企業も含まれる（**表2－2**参照）。

表2－2　産業再生法に基づき債務の株式化を実施した企業の例

（1999年10月～2003年３月）

認定日	企業名	業種	主な内容	支援策
2000年１月28日	スカイエンターテインメント	放送	債務の株式化を含む増資	税，融
2002年４月26日	ダイエー，オレンジエステート	小売業	営業譲受・譲渡，債務の株式化	税，融
2002年６月11日	長谷工コーポレーション	建設業	債務の株式化	税
2002年９月17日	空研工業	冷却塔製造販売	債務の株式化	税
2002年９月30日	雪印乳業	乳製品・原料乳製品事業	債権放棄および債務の株式化を含む増資等	税
2002年12月16日	マツダ，マツダアンフィニ北海道他	自動車販売等	債務の株式化，合併	税
2002年12月16日	いすゞ自動車	商用車事業	債務の株式化を含む増資，設備廃棄等による生産集約	税，融
2002年12月19日	ケンウッド	ホームエレクトロニクス事業等	債務の株式化	税
2003年２月19日	大阪染工	綿および綿合繊混織物染色加工・販売	債務の株式化	税
2003年３月10日	東洋シヤッター	スチールドア事業等	債務の株式化，事業資産の譲受	税
2003年３月11日	日本冶金工業	ステンレス鋼板事業	債務の株式化，新設分割による子会社設立	税
2003年３月28日	三井農林，日東食品	建材・木材事業，食品事業	債務の株式化を含む増資，合併，債権放棄	税，融

注：「税」とは登録免許税の軽減，不動産取得税の軽減，設備廃棄に伴う欠損金の特例等を意味する。
「融」とは政府系金融機関の低利融資を意味する。
出所：経済産業省のホームページ
（http://www.meti.go.jp/policy/jigyou_saisei/sankatsuhou/nintei/past_result.html，2016年３月25日）の「平成15年改正前の認定計画」より筆者作成。

4　長谷工の事例

以下では，債務の株式化を実施した企業として長谷工[6]を取り上げ，同社がどのような状況のもとで債務の株式化を実施し，それにより同社の経営や業績がどのように変化したのかについてみてみる。債権者が債務の株式化に同意する条件として，①当該企業が倒産すれば，債権者が実際に回収できる額が大幅に減少することが見込まれること，②債務の株式化により当該企業が当面，倒産を回避することができること，③長期的には業績が改善し，それに伴って株価の上昇が見込まれることが挙げられた。そこで，同社においてもこれらの条件が該当するのかについてみていく。

表2－2からわかるように，産業再生法に基づき債務の株式化を実施した企

6　本節の大部分は同社の社史である長谷工コーポレーション70年史編纂室（2007）による。

業のうち，上場企業で最初に債務の株式化を実施し，かつ大規模（2,300億円）であったのはダイエー[7]であり，同社を事例対象として取り上げるべきかもしれない。ただし，同社の場合，債務の株式化と同時に営業譲受なども行っており，必ずしも債務の株式化のみを実施したわけではない。そこで，ダイエーと同年に同社に次ぐ規模（1,500億円）で債務の株式化を実施した長谷工を対象とする。ただし，長谷工も実際には債務の株式化のみをリストラクチャリングとして実施したわけではない。同社は経営不振に陥ったのち，様々なリストラクチャリングを実施しており，これら一連のリストラクチャリングの１つとして債務の株式化を実施している。これについても以下でみていく。

4.1 バブル期までの経営

■同社の成り立ち

表２－３は，長谷工の設立以降の状況を表している。同社は1937年に長谷川工務店として設立され，工場や事務所などの木造建築の建設を行っていた。その後，官公庁向けの工事やビルなどの建設を手掛けるようになり，さらに1957年には貸しビル業へ参入する。このように，事業内容を次第に拡大させつつ，1961年には大阪証券取引所へ，その翌年には東京証券取引所第二部へ，さらにその２年後には第一部へ上場する。その後，マンション事業への進出や海外進出を行いつつ，1988年には現在の社名となる。

7　経済産業省のホームページ（http://www.meti.go.jp/policy/jigyou_saisei/sankatsuhou/nintei/past_result.html，2016年３月25日）の「平成15年改正前の認定計画」

表２－３　長谷工の歴史

年	主な経営上の変化	事業内容の変遷
1937	長谷川武彦氏が個人経営の「長谷川工務店」を創業	工場・事務所など木造建築工事
1946	株式会社「長谷川工務店」へ改組	官公庁工事
1950		ビル・工場建築
1957		貸しビル業へ進出
1961	大阪店頭市場に株式を公開	
	大阪証券取引所第二部へ上場	
1962	東京証券取引所第二部へ上場	
1965	東京証券取引所第一部へ上場	
1968		マンション事業へ進出
1973		海外事業へ進出
1988	社名を現在の「長谷工コーポレーション」へ変更	事業の多角化を積極展開
1995	「長谷工グループ資産圧縮計画」発表	
	税引後当期純損失（連結）の発生	
1998	「長谷工グループ新再建計画」発表	マンション関連事業へ特化
1999	「長谷工グループ新再建計画」合意	
	金融機関等32社と財務支援協定締結	
	金融機関32社から債務免除（442億円）を受ける	
	同金融機関32社を対象に第三者割当増資（396億円）を実施	
2000	債務免除（1,468億円）を受ける	
2001	債務免除（1,636億円）を受ける	
	減資を実施（1,130億円→539億円）	
2002	「中期３ヶ年計画（NUBI21）」発表	
	資本金減少（539億円→５億円）	
	株式併合（５株→１株）	
	債務の株式化（1,500億円）	
2003	資本準備金減少（750億円）	
2004	無担保転換社債型新株予約権付社債300億円発行	
	金融機関の財務支援協定を解消	

出所：長谷工コーポレーション70年史編纂室（2007）より，筆者作成。

■バブル期

周知のように1980年代後半はバブル期とよばれ，株価と地価が急激に上昇し，消費拡大の影響を受けて日本企業の業績も好調であった。この時期，長谷工は地価が上昇していたこともあって不動産事業に目を向け，同事業へ本格的に参入すると同時に事業の多角化を積極的に行った。具体的には，クリエイティブ事業部を新設し，ホテルやリゾートマンションなどへ積極的に事業を展開した。さらに，この時期にはハワイでの複合リゾート施設をはじめとする大規模開発，ニューヨークやロサンゼルスでの高級コンドミニアム建設など海外事業についても積極的に拡大した。

図2－4　バブル期以前の事業規模の推移

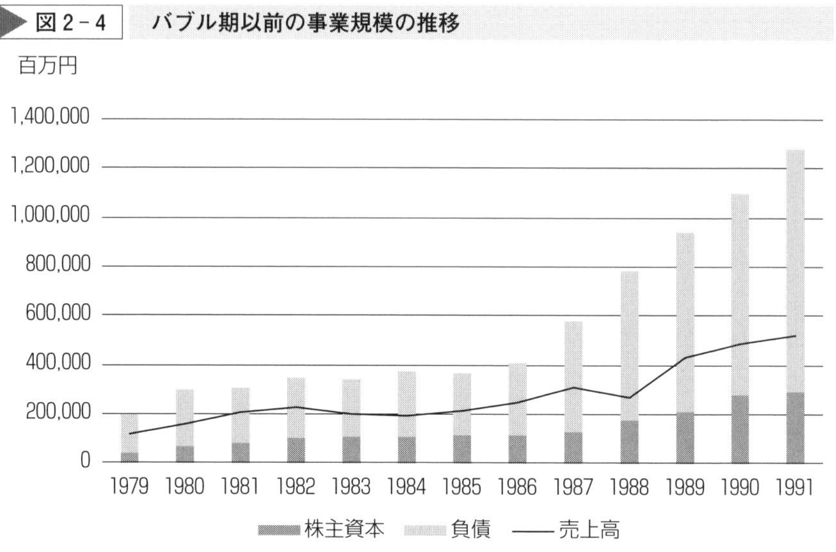

その結果，この時期に同社の事業規模は急速に拡大した。**図2－4**は1979年から1991年までの同社の単独ベース[8]の株主資本と負債の合計額および売上高の推移を表している。売上高が緩やかに増加しているのに対し，同社の事業規模は1987年以降急増している。株主資本と負債の変化に着目すると，1987年以降，負債の金額が大きく増加していることがわかる。すなわち，バブル期に同社は負債による資金調達を積極的に実施することで急速な規模拡大を行ったのである。ただし，事業規模が急速に拡大しているのに対し，売上高の伸びは比較的緩やかである。このことは，規模を拡大させたわりには売上高がそれほど増加しなかったことを意味しており，バブル期においてすら同社の収益性がそれほど高くなかったことを示唆している。

図2－5は，長谷工と建設業の業種平均のROA（総資産事業利益率=（営業利益+営業外収益）/総資産額×100）および長谷工の支払利子額の推移を示している。同社のROAについては1981年をピークとしてその後は緩やかに減少しており，1988年以降は業種平均よりもおおむね低くなっている。これは，消

8　以下，特に説明がない限り，本章では単独のデータを用いている。

図2－5　バブル期以前の収益性と支払利子額の推移

費が好調であったバブル期においてすら同社の規模拡大が収益性の向上に寄与していなかったことを表している。一方，同社の支払利子額は1988年以降急増しており，バブル期に積極的に負債による資金調達を行ったためであると考えられる。このような負債を活用した積極的な事業拡大と収益性の低下は，バブル崩壊後の同社の経営に多大な影響を及ぼすことになる。

4.2　バブル後の経営

■バブル崩壊による業績悪化

1989年12月29日，証券取引所の大納会において日経平均株価が３万8,957円の史上最高値を記録したものの，翌年に入ると株価は総じて下落に転じ，その後は長期にわたり株式市場が低迷することとなる。一方，地価についても1990年の公定歩合の引上げや不動産融資の総量規制の導入などを契機として下落に転じるようになる。このような株価と地価の大幅な下落によるバブル崩壊に対し，長谷工は当初「不況こそチャンス」と強気の方針[9]を打ち出していた。し

9　長谷工コーポレーション70年史編纂室（2007），36頁。

かしながら，持続的な地価下落や消費低迷の影響を受け，同社の業績も急速に悪化することとなる。

図2－6は1990年代の同社の業績を示している。売上高がほぼ一貫して低下

図2－6　バブル崩壊後の業績

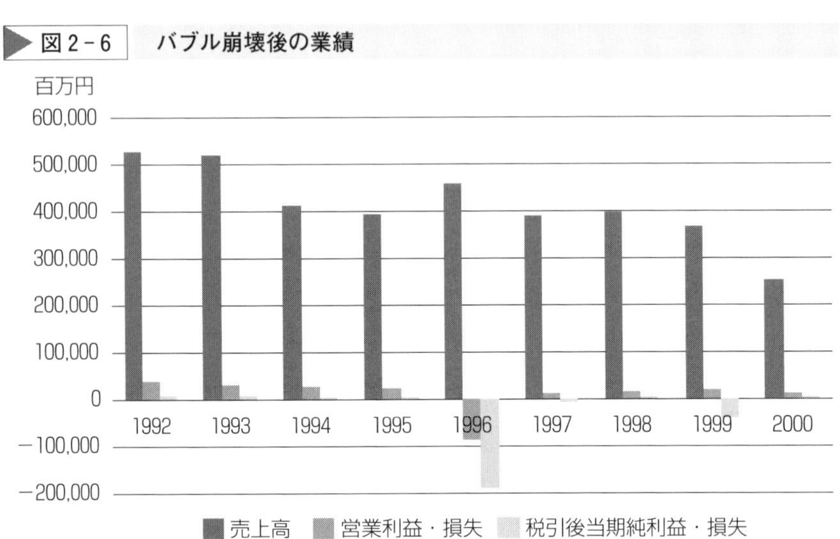

図2－7　バブル崩壊後の収益性（1）

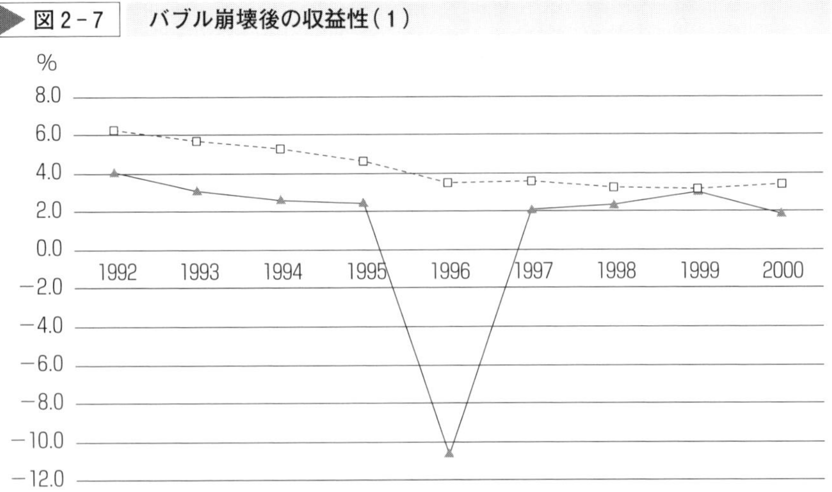

しており，同社の業績が長期にわたり悪化していたことがわかる。このような売上高の低下に伴い，営業利益および税引後当期純利益についても低下傾向にあり，特に1996年以降は損失が生じるようになった。同様に，この時期は同社の収益性も一貫して低下した。**図２－７**は，1990年代の同社と建設業の業種平均のROAの推移を示している。同社の収益性がほぼ一貫して低下していること，さらには業種平均を常に下回っていたことがわかる。また，**図２－６**および**図２－７**より1996年に特に業績が落ち込んでいる。それでは，なぜ1996年に同社の業績が極度に悪化したのかについてみてみる。

■長谷工グループ資産圧縮計画

バブル崩壊後の業績悪化に対し，同社は様々な施策を実施した。具体的には，不振の不動産事業の再編（1992年），新卒採用を最小限に抑えるなど人員抑制の実施（1993年）などを行っているが，なかでも1995年に「長谷工グループ資産圧縮計画」を計画・実施することで大規模な事業再編を試みた。この計画の目的は，主として保有不動産の売却と有利子負債を削減することであった。

保有不動産の売却については，不動産価格の下落が著しいことから，すべての不動産を外部へ一括売却することが困難と判断し，一部は受皿会社であるエイチ・シー土地開発へいったん売却し，その後，受皿会社が数年かけて処分するという方針がとられた。その際，外部への売却については簿価1,445億円の不動産を710億円で，受皿会社への売却については簿価2,355億円の不動産を1,675億円で売却し，その際の販売費115億円を含めて合計1,530億円の損失の計上を予定していた。また，有利子負債の削減については，保有不動産の処分から得た資金を用いて単体の有利子負債を23%削減し，財務体質の改善を図ろうとした。この計画を実施した場合，1996年３月期には巨額の赤字が見込まれるものの，その後は黒字へ転換する予定であった。

これらの計画のうち，受皿会社への売却は計画どおりに実施され，また外部売却についても一部実施された。一方，有利子負債の削減については１兆3,705億円から１兆2,869億円へと９%程度削減された。また，これ以外にも計画の早期実施のために経営向上委員会の設置，早期退職者の募集などの人員縮小や配置転換を実施した。このように，保有不動産の売却とそれに伴う損失の発生が

表２－４　各事業部門の営業損益

単位：百万円

年	建設	不動産	エンジニアリング	賃貸および管理	ホテル	金融
1991	23,323	23,390	1,282	586		
1992	27,411	12,782	298	1,663		
1993	21,464	3,676	444	1,652		
1994	22,625	4,266	819	924	−2,720	
1995	19,381	1,006	1,783	298	−2,771	
1996	20,271	−121,827	2,019	1,970	−1,871	
1997	16,090	−31,592	2,831	752	−2,159	565
1998	17,878	3,568	−9,115	1,658	−698	723
1999	21,280	1,971	−9,823	1,572	−246	−734
2000	13,332	−2,095	1,865	5,893	−163	135
2001	19,474	325	2,158	3,761	−248	544

注：1991年３月期より前は，セグメント情報は有価証券報告書に存在しない。これらの数値は，連結ベースの値である。事業のセグメント区分は年によって異なるため，2000年３月期の区分を用い，必要に応じて調整を行っている。

図２－６と**図２－７**でみたように1996年の同社の業績を一時的に悪化させたのである。ただし，実際の有利子負債の削減は９％程度であり，当初計画されていた23％には程遠く，十分な負債の削減が行われたわけではなかった。

1996年における同社の業績悪化を事業部門別の業績という観点から確認したい。**表２－４**は連結ベースでの事業の種類別セグメントの営業利益・損失を示している。1991年時点では営業利益の大部分が建設事業と不動産事業から生み出されていたことがわかる。しかしながら，1992年以降急速に不動産事業の営業利益が減少し，1996年には1,218億円の営業損失が生じている。したがって，1996年の同社の業績や収益性の悪化が主として不動産事業から生じていることがわかる。これは，長谷工が簿価を大幅に下回る価格で大量の不動産を売却したためであろう。その他の事業に着目すると，エンジニアリングやホテル事業では営業損失が比較的多くの年でみられるのに対し，賃貸および管理については着実に営業利益を増加させている。

このように，バブル期の同社の主たる収益源は建設事業と不動産事業であったものの，このうち不動産事業についてはバブル崩壊後に業績が急速に悪化し，1990年代における同社の低収益の原因となった。そのため，1996年の「長谷工グループ資産圧縮計画」において保有不動産の売却を行い，一時的に巨額の損失を計上させつつ，その後の業績改善を図った。しかしながら，保有不動産の売却や有利子負債の削減が当初の計画どおりに実施されたわけではなく，同社の業績もその後，順調に回復したわけではない。

4.3　再建計画

■長谷工グループ新再建計画

1996年以降，長谷工は「長谷工グループ資産圧縮計画」により保有不動産の売却と有利子負債の削減を試みたものの，地価の急激な下落により保有不動産の売却が実質的に困難となり，そのために有利子負債の削減も当初の予定のように実施することができなくなった。このような状況に対し，1998年に同社は計画の継続を断念し，金融機関との交渉により現状の打開を図った。このことは，この時点で同社が自主再建を放棄したことを意味するのと同時に，金融機関との交渉の結果がその後の同社の存続を決定することを意味した。なお，これらの金融機関には当時，同社のメインバンクであった三井信託銀行，大和銀行，日本興業銀行が含まれていた。

1998年，同社は「長谷工グループ新再建計画」を公表し，翌年から実施した。ここでは主として本業収益の確保と財務体質の健全化が計画されていた。本業収益については，経営資源を同社の得意分野であるマンション関連事業へ集中させ，同時に海外事業をはじめとする低収益事業からの撤退・縮小などが計画された。また，財務体質の健全化については金融機関へ債務免除と第三者割当増資の引受けを要請することであった。

■各事業の変化

「長谷工グループ新再建計画」により，同社はマンション関連事業への経営資源の集中と低収益事業からの撤退に着手したが，各事業の規模はどのように変化したのであろうか。**表2－5**は，1996年以降の連結ベースの各事業部門の

表2－5　各事業部門の資産額と割合

単位：百万円

年	建設		不動産		エンジニアリング		賃貸および管理		ホテル		金融		合計	
1996	222,350	22%	484,765	48%	5,039	1%	76,238	8%	63,873	6%	155,445	15%	1,007,710	100%
1997	215,109	23%	452,789	48%	4,821	1%	82,229	9%	61,826	7%	130,047	14%	946,821	100%
1998	207,721	22%	468,771	50%	5,365	1%	81,830	9%	60,027	6%	111,551	12%	935,265	100%
1999	135,149	16%	476,886	57%	3,004	0%	25,617	3%	64,964	8%	125,925	15%	831,545	100%
2000	142,030	17%	413,200	48%	3,318	0%	142,375	17%	59,147	7%	93,785	11%	853,855	100%
2001	136,346	18%	309,709	40%	3,534	0%	187,955	24%	57,462	7%	81,997	11%	777,003	100%
2002	83,977	16%	213,252	41%	3,817	1%	124,574	24%	55,912	11%	39,125	8%	520,657	100%
2003	89,787	19%	191,222	40%	3,369	1%	99,467	21%	54,737	12%	34,707	7%	473,289	100%

注：1996年より前は資産に関するセグメント情報が有価証券報告書に存在しない。これらの数値は，連結ベースの値である。事業のセグメント区分は年によって異なるため，2000年３月期の区分を用い，必要に応じて調整を行っている。

資産額とその割合を示している。合計の数値より全体の事業規模を半分以下に縮小させていること，特に2000年前後より各事業部門の構成を大きく変化させていることがわかる。

事業部門別にみた場合，建設事業は資産額を半減させているものの，同社全体の規模も半減しているために全事業に占める割合は微減となっている。次に，2003年の不動産事業の資産額は1996年の約40%に当たる1,912億円に減少し，全体に占める割合も10%近く縮小させている。エンジニアリング事業の資産額は減少傾向にあるものの，同事業が全体に占める割合はそもそも１%程度と低い。

これらの事業部門の中で唯一資産額も割合も増加させているのが賃貸事業である。同事業は，資産額を増加させると同時にその割合も８%から21%へ増大している。これは同社がマンションを用いた賃貸事業を拡大させたためと思われる。最後に，ホテル事業と金融事業はともに資産額を減少させているものの，ホテル事業はその割合を微増させたのに対し，金融事業はその割合を半減させている。このような変化は，全体として事業規模を縮小させつつも，マンションの建設やマンションを用いた賃貸事業へ事業内容をシフトさせていったものと考えられる。

■有利子負債の削減

長谷工は1999年に金融機関等32社と財務支援協定を締結し，2001年までに３回にわたり合計3,546億円の債務免除を受けたが，これは財務支援協定で決め

図２−８　バブル崩壊後の事業規模の推移

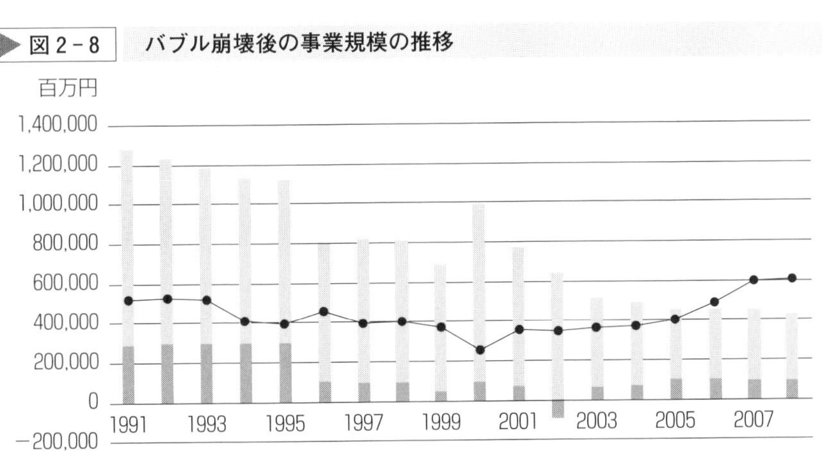

られた債務免除の限度額であった。同時に，同じ金融機関等を引受先とした第三者割当増資を1999年に実施し，その後，2001年には減資を行っている。このうち，2001年の減資については過去の欠損金である未処分損失610億円を資本準備金176億円などによって全額解消させた。ただし，2002年３月期の決算では新たに当期純損失が1,226億円生じたため，同社の欠損金がこの減資で一掃されたわけではなかった。

図２−８は1991年以降の事業規模の推移を表している。1991年以降，資産合計が低下し，2008年には1991年の３分の１にまで減少しており，この間，同社が事業規模を急激に縮小させていったことがわかる。また，2002年には株主資本がマイナス，すなわち債務超過となっているのは，先に述べた減資と新たに生じた損失によるものである。さらに，2000年に一時的に負債と株主資本がともに増加しているが，株主資本については1999年の第三者割当増資，負債については長期借入金の増加によるものである。

4.4　債務の株式化

1999年より始まった「長谷工グループ新再建計画」をより迅速に実施するため，2002年に新たに「中期３ヶ年計画（通称，NUBI21）」が策定・実施された。同計画の重要な柱の１つが財務体質の改善であり，そのための方策の１つが債

表２－６　債務の株式化前後における負債・株主資本

単位：百万円

	2002	2003
短期借入金・償還予定社債	15,612	6,599
転換社債	6,668	0
長期借入金	484,602	294,169
資本金	53,931	75,499
資本準備金	15,597	74,999
欠損金	−161,042	−87,986
株主資本	−91,514	62,512

務の株式化であった。これは，金融機関が持つ同社への債権1,500億円と引換えに同社の優先株1,428億円（第３章を参照）と普通株72億円を第三者割当増資により発行し，これを引き受けるというものであった。この増資により，資本金と資本準備金がそれぞれ750億円ずつ増加した。ただし，債務の株式化に先立ち，資本金を539億円から５億円へ減少，すなわち減資を行ったため，実際の資本金の増加額は約216億円（＝５+750－539）であった。**図２－８**が示すように，この債務の株式化により2003年には債務超過が解消した。

表２－６は債務の株式化前後における長谷工の主要な負債および株主資本の変化を表している。主として，長期借入金が減少すると同時に資本金と資本準備金が増加しており，それらは債務の株式化によるものと考えられる。その結果，欠損金は2003年も存在するものの株主資本自体はマイナスからプラスへ，すなわち債務超過が解消されたのである。

■その後の業績

表２－５でもみたように，同社は事業全体の規模を縮小しつつ，2000年前後を境として不動産事業を縮小すると同時にマンション関連事業へ経営資源を集中するようになった。同社の社史[10]によれば，「マンション建設No.１企業の原

10　長谷工コーポレーション70年史編纂室（2007），84頁。

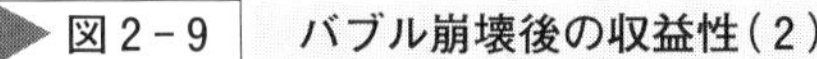
図２－９　バブル崩壊後の収益性（２）

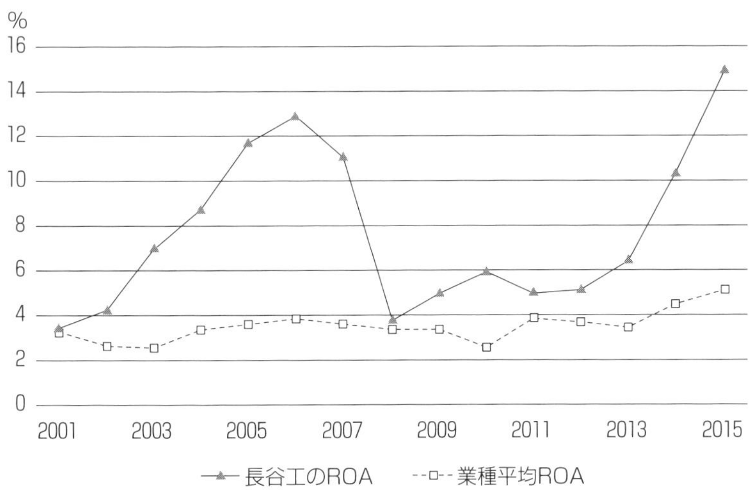

点に立ち返り，全方位外交を敷き，真のカテゴリートップを目指す。そして再編・淘汰の荒波を乗り越える」とあるように，このような変化はその後も継続した。具体的には，2003年に長谷工エアネシスを子会社として設立し，分譲マンションの管理を行う企業などを配置した。この結果，2000年前後を境として，同社の業績は改善する。

図２－９は，2001年以降の長谷工と建設業の業種平均のROAの推移を表している。**図２－７**より，1990年代の同社のROAは低下傾向にあると同時に，業種平均と比較しても低かったが，同図より2001年以降は年ごとにばらつきはあるものの常に業種平均を上回っていることがわかる。このことは，2000年前後を境として同社の収益性が改善したことを示している。

最後に，長谷工の株価の推移についてみてみる。**図２－10**は2001年以降の同社の株価の推移を示している。この期間，同社は減資や株式併合を行っており，それらの影響を調整した株価を示している。債務の株式化を実施した2002年末から2003年初めの株価を底として上昇に転じていることがわかる。その後，リーマンショックの影響のため株価は2008年に急落するものの，その後は再び回復基調にある。同図からは明らかでないものの，この期間，最も株価が低い

図2-10 株価の推移

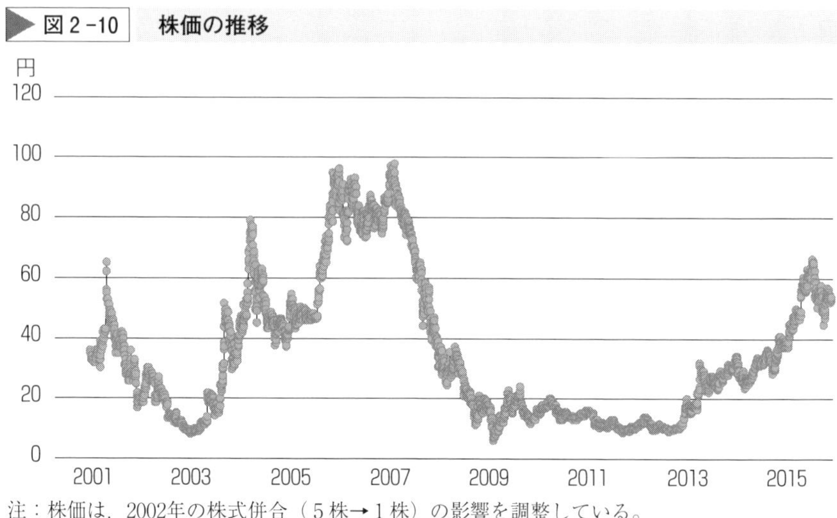

注：株価は，2002年の株式併合（5株→1株）の影響を調整している。

のは2003年の1月から2月にかけてであり，9円（調整なしで40円前半）であった。その後，2006年1月には同社の株価は90円（調整なしで450円）超まで回復することになる。

このように，債務の株式化の後は収益性においても株価においても，同社の経営が改善したことを示している。

5 おわりに

ここでは，どのような状況にある日本企業が債務の株式化を実施し，それが当該企業の経営改善に寄与したのかについて，長谷工の事例をみてきた。債務の株式化を実施するためには債権者の同意が必要となるが，その同意が得られる条件として，①当該企業が倒産すれば，債権者が実際に回収できる額が大幅に減少することが見込まれること，②債務の株式化により当該企業が当面，倒産を回避することができること，③長期的には業績が改善し，それに伴って株価の上昇が見込まれることが挙げられ，これらの条件が長谷工のケースにおいて当てはまるのかについてみてきた。

同社は，もともとマンションなどの建設を行っていたものの，バブル期の地価上昇に乗じて不動産事業に本格的に参入し，規模を急速に拡大させた。この事業拡大は負債による資金調達で賄われたため，この時期に同社の負債比率も急上昇した。しかしながら，バブル崩壊後に地価が下落したことにより，保有不動産の資産価値が下落し，収益の悪化が顕在化するようになったのである。さらに，バブル期以降の高水準の負債比率による利子負担の増大が同社の収益をより一層悪化させる一因となった。

これに対し，同社は保有不動産の売却と有利子負債の削減を中心とするリストラクチャリングを実施した。当初，「長谷工グループ資産圧縮計画」において保有不動産を売却し，その資金を有利子負債の削減に充てることで対処しようとしたものの，急激な地価の下落が保有不動産の売却を困難にし，同計画を十分に実施することができなかった。そこで，新たに策定した「長谷工グループ資産圧縮計画」において，マンション事業への経営資源の集中と有利子負債を削減した。その際，有利子負債削減の一手段として用いられたのが債務の株式化だったのである。2002年に実施された債務の株式化により，同社は前年に生じた債務超過の状態から脱することができたのであり，その後の利子負担を軽減することができた。しかしながら，同社の業績をその後，順調に回復させたのは経営資源を同社の得意分野へ集中させたことにある。すなわち，同社はマンション関連事業を拡大させると同時に，海外事業をはじめとして低収益事業からの撤退・縮小を積極的に実施し，そのことがその後の業績回復をもたらしたのである。

したがって，長谷工では①の倒産した場合の債権者の回収額については，同社の保有資産である土地の価格が大幅に下落したことにより，同社が倒産した場合の債権者の回収できる額は貸付額を大幅に下回っていたであろうことが予期される。また，②の債務の株式化後の倒産回避については債務の株式化により，同社の債務超過が解消されたのと同時に負債額が大幅に減少することで，一時的に倒産を回避することが可能となったと思われる。最後に，③の業績改善については2000年前後を境に同社の得意分野であったマンション関連事業へ事業を集約することにより，その後の業績改善と株価の上昇を達成することができたのである。

このように，債務の株式化は債務超過の状態にある企業，あるいは過度に負債比率の高い企業においてドラスティックに負債を削減させ，株主資本を増加させる点で財務の健全化に寄与するものの，これだけで企業の業績改善がなされるわけではない。債務超過や高負債比率の原因となった事業の再編を実施せずして債務の株式化のみを実施したとしても，一時的な延命措置に過ぎず，早晩倒産を迎えるであろう。そのため，債務の株式化は長谷工でみた事業再編のようにそれ以外のリストラクチャリングとセットで用いられて，初めて経営改善に寄与することができるのである。

第3章

配当優先株の発行

伊藤園の事例

1　本章のねらい

優先株とは，普通株の権利に優先した権利を有する株式のことである。普通株と同様，企業にとって優先株の発行は資金調達の一手段であり，増資の一種である。したがって，株主資本を増加させる資金調達という点では，優先株と普通株の発行は同じである。一方，優先株は普通株とは権利内容が異なるため，普通株の株主とは異なる立場の株主が出現し，そのことが当該企業の経営に影響を及ぼす可能性がある。日本では，以前より優先株の発行が可能であったものの，優先株を用いた資金調達の事例は少なく，優先株の上場例も少ない。

ここでは，優先株がどのような点で普通株と異なり，どのような企業が優先株を発行してきたのかについてみていく。そのうえで，現在，優先株を発行し，上場させている唯一の企業[1]である伊藤園のケースについてみる。

1　2019年８月末時点である。

2 優先株の定義

2.1 株主の権利

優先株とは，普通株が持つ複数の権利のうち少なくとも一部の権利が優先的である株式のことをいう。優先株の対義語として劣後株があるが，これは優先株とは反対に少なくとも一部の権利が普通株に劣後している株式のことである。普通株の株主が持つ主な権利として，議決権，利益配当請求権，残余財産分配請求権の3つがある。議決権とは，株主が株主総会において行使することができる権利であり，1株につき1個の権利がある。利益配当請求権は持株比率に応じて利益の一部を配当として受け取ることができる権利であり，1株当たり同額の配当を得ることができる。最後に，残余財産分配請求権とは，会社解散時に債権者に債務を返済し，それでも会社の財産が残った場合には株主が持株比率に応じて財産を受け取ることができる権利である。これらの権利のうち，利益配当請求権と残余財産分配請求権は個々の株主が直接経済的な便益を受ける権利であり，自益権とよばれる。一方，議決権はその権利行使を通じて経営に関与することができる権利であり，企業経営に関与することを目的とするため共益権とよばれる。これら3つの権利のうち，いずれかが優先的であれば優先株，劣後していれば劣後株となる。株式の特定の権利に着目して優先株や劣後株と規定しているため，同じ株式であってもある権利に着目すれば優先株，別の権利に着目すれば劣後株となる場合もあり，これは混合株式ともよばれる[2]。

このように，普通株の権利のうち少なくとも一部の権利が優先的である株式を優先株というが，優先株という用語が用いられる場合には利益配当請求権，すなわち配当について優先している場合が多く，このような株式のことを特に配当優先株とよぶ場合もある。ここでは，普通株と比較して利益配当請求権が優先的である株式を配当優先株とよぶ。

2　神田（2020），85頁。

2.2　配当優先株主の権利

通常，配当優先株の場合，①配当の金額が優先的である，②配当の受取順位が優先的である，③配当の累積性が存在する，の3つのうち，少なくともいずれかが普通株の株主と比べて優先的となる。①については普通株の配当額と比較してより高い配当額，たとえば普通株の配当額の120%を配当優先株の株主が受け取ることができることを意味する。また，取得価額の10%の配当額が予定されているといった予定配当率があらかじめ定められている場合も①に属する。予定配当率があらかじめ定められている場合，配当優先株の株主にとって毎年受け取る配当の変動が小さくなる点で，配当優先株は社債と類似した性格を持つ。ただし，企業の業績不振などのために予定された配当が実施されないとしても発行企業が債務不履行とならない点において配当優先株は社債とは異なる。

これに対し，②は普通株の株主より先に配当を受け取ることができる権利である。利益が確定したのち，最初に配当優先株の株主に対して配当が支払われ，そののちに普通株の株主に配当が支払われるケースが挙げられる。配当優先株の株主に対して配当が支払われた後，普通株の株主に配当が行われる際，再度，配当優先株の株主も配当を受け取ることができる場合もあり，これは配当の参加性とよばれる。

最後に，③については，業績不振などのために配当優先株の株主が配当を受け取ることができなかった場合，翌年以降に普通株の株主より優先的な取扱いを受けることができることを意味する。通常，業績不振などのために配当が実施されなかった場合，普通株の株主にはその翌年に増額された配当を受け取る権利はない。これに対し，配当優先株の株主は今期，予定配当率を満たす配当額が得られなかったとしても，不足額については翌年以降の利益から増額した配当として得ることができる場合があり，これは配当の累積性とよばれる。配当優先株に配当の累積性が存在する場合，より安定的に配当を得る可能性が高まる点において社債に類似しているといえる。

このように配当優先株には，利益配当請求権において優先的である反面，議決権を持たないケースもある。あるいは，通常は議決権がないものの，業績不振などのために配当を受け取ることができない場合に限って議決権が生じるケースもある。

2.3 会社法における種類株

普通株以外の株式，すなわち優先株や劣後株などを総称して種類株（Classified Stock）とよぶ場合がある。この場合，配当優先株も種類株の一種となる。

配当優先株は旧商法においてその発行が認められており，従来から日本企業が利用することは可能であった。事実，一部の銀行がバブル崩壊後に政府を引受先として大量の配当優先株を発行し，公的資金の注入を受けた。ただし，2006年に会社法が施行されてから，配当優先株を含む種類株は「異なる２つ以上の種類の株式」として規定されている。

表３-１にあるように，会社法第108条によれば，株式会社は異なる２つ以上

表３-１　会社法における種類株

第二条　この法律において，次の各号に掲げる用語の意義は，当該各号に定めるところによる。
　十三　種類株式発行会社　剰余金の配当その他の第百八条第一項各号に掲げる事項について内容の異なる二以上の種類の株式を発行する株式会社をいう。
　十四　種類株主総会　種類株主（種類株式発行会社におけるある種類の株式の株主をいう。以下同じ。）の総会をいう。
第百八条　株式会社は，次に掲げる事項について異なる定めをした内容の異なる二以上の種類の株式を発行することができる。ただし，指名委員会等設置会社及び公開会社は，第九号に掲げる事項についての定めがある種類の株式を発行することができない。
　一　剰余金の配当
　二　残余財産の分配
　三　株主総会において議決権を行使することができる事項
　四　譲渡による当該種類の株式の取得について当該株式会社の承認を要すること。
　五　当該種類の株式について，株主が当該株式会社に対してその取得を請求することができること。
　六　当該種類の株式について，当該株式会社が一定の事由が生じたことを条件としてこれを取得することができること。
　七　当該種類の株式について，当該株式会社が株主総会の決議によってその全部を取得すること。
　八　株主総会（取締役会設置会社にあっては株主総会又は取締役会，清算人会設置会社（第四百七十八条第八項に規定する清算人会設置会社をいう。以下この条において同じ。）にあっては株主総会又は清算人会）において決議すべき事項のうち，当該決議のほか，当該種類の株式の種類株主を構成員とする種類株主総会の決議があることを必要とするもの
　九　当該種類の株式の種類株主を構成員とする種類株主総会において取締役（監査等委員会設置会社にあっては，監査等委員である取締役又はそれ以外の取締役。次項第九号及び第百十二条第一項において同じ。）又は監査役を選任すること。

の種類の株式を発行することができるとされる。具体的には第1号が利益配当請求権，第2号が残余財産分配請求権，第3号が議決権に当たる。第4号から第7号までは譲渡の制限や発行会社による取得に関する権利である。第8号と第9号は種類株の株主を出席者とする種類株主総会に関する権利である。

会社法では，普通株や種類株，配当優先株といった用語は用いられておらず，その規定も存在しない。したがって，1種類のみの株式を発行している企業であれば，その株式が普通株，2つ以上の種類の株式を発行している企業であれば，「標準」となる株式が普通株[3]となり，「標準」とは異なる権利を持つ株式が種類株となる。

3　配当優先株の理論価格

3.1　配当に基づく理論価格

普通株をはじめ，株式の理論価格を算出する代表的な方法の1つとして配当割引モデル（Dividend Discounted Model：DDM）がある。DDMに基づけば，株式の理論価格は，株主が将来得るであろう1株当たり配当額を株主資本コストで割り引いた値となる。

$$\text{株式の理論価格} = \frac{D_1}{(1+r)^1} + \frac{D_2}{(1+r)^2} + \frac{D_3}{(1+r)^3} + \cdots + \frac{D_n}{(1+r)^n} \cdots\cdots\cdots\text{(i)}$$

(i)式は，DDMを示している。D_1は株主が1年後に得られる1株当たり配当額であり，rは株主資本コストである。配当額は年によって異なるため，添え字がついている。また，この株式を発行した企業の存続年数はn年であり，1年後から存続年数までの配当額を考慮して株式の理論価格が算出される。株主は毎年の配当額を現金で得るのであれば，(i)式は将来，株主が配当として受け取るであろう1株当たりキャッシュフローの現在価値の合計となる。

(i)式では毎年の配当額が変動することを想定しているが，毎年の配当額が一定であり，さらにこの企業が永続する，すなわち配当額Dを株主が永続的に受

3　神田（2020），78頁。

けとることができると仮定すれば，(ii)式のようになる[4]。

$$\text{株式の理論価格} = \frac{D}{(1+r)^1} + \frac{D}{(1+r)^2} + \frac{D}{(1+r)^3} + \cdot\cdot\cdot\cdot + \frac{D}{(1+r)^\infty} = \frac{D}{r} \quad \cdots\cdots \text{(ii)}$$

もし，普通株の理論価格が(ii)式のようになるのであれば，配当優先株の理論価格はどのように表せるであろうか。仮に，普通株のx%増し（$x>0$）の1株当たり配当額を受け取れる権利が配当優先株に付与されているとすれば，この配当優先株の理論価格は(iii)式のようになる。ただし，ここでは普通株と配当優先株の株主資本コストは同一であるとする。

$$\text{配当優先株の理論価格} = \frac{xD}{(1+r)^1} + \frac{xD}{(1+r)^2} + \frac{xD}{(1+r)^3} + \cdot\cdot\cdot\cdot + \frac{xD}{(1+r)^\infty} = \frac{xD}{r} \quad \cdots\cdots \text{(iii)}$$

(ii)式と(iii)式を比較すればわかるように，xが正であれば普通株と比較して配当優先株のほうが理論価格が高くなる。これは，普通株と比較してより高額の配当を受け取ることができるためである。

3.2　配当以外の要因

■議決権と流動性

DDMに基づけば，株式の理論価格は株主が将来得るであろう配当額の現在価値の合計であり，普通株と配当優先株の価格の差は配当額の違いから説明された。しかしながら，DDMで考慮されたファクター以外にも価格差に影響を及ぼす要因が存在する可能性がある。宇野・山田（2008）によれば，配当優先株と普通株の価格の差は下記のように説明される。なお，ここでの配当優先株は，普通株よりも高い配当を得られる一方，議決権が存在しないものとする。

4　なぜ(ii)式のようになるのかについては，［補論1］を参照。

配当優先株と普通株の株価の差＝配当額の現在価値（+）
＋議決権の価値（－）
＋流動性（±）……………………………(iv)

はじめに，配当額の現在価値については，(iii)式でみたように優先配当株が普通株より高額の配当が行われるのであれば普通株よりも高くなる。一方，議決権については，個人投資家のような少数株主の場合，持株比率が極めて低いために株主総会において議決権を行使したとしても意思決定に影響を及ぼすことはできない。その結果，少なくとも少数株主にとって議決権は意味がなく，議決権の価値もゼロであると考えられる。

ただし，敵対的M&Aが生じる場合には個人投資家であっても議決権の価値を享受できる可能性がある。株式公開買付け（Take Over Bid：TOB）による敵対的M&Aが生じた場合，通常，買収者は市場価格より高い価格（TOB価格）で当該株式の購入を提示する。その場合，TOB価格と市場価格の差はプレミアムであり，このプレミアムは株式に議決権があるために生じるものである。したがって，TOBの可能性が生じた場合，少数株主を含む普通株を有するすべての株主はTOB価格で株式を売却することが可能となる。また，TOBに応じなくとも，TOBの実施により，当該株式の市場価格がTOB価格近くまで上昇する場合が多く，市場で売却して利益を得ることもできる。したがって，ここでの議決権の価値は，TOBの対象となる可能性[5]と言い換えることができる。

このように，普通株の場合には議決権を有するため，TOBの可能性が存在することが議決権に価値を与える。これに対し，配当優先株に議決権がないのであれば，普通株とは異なりTOBの可能性がある場合においても議決権の価値はゼロのままである。

一方，他の条件が一定であれば，流動性の高い株式であるほど投資家に好まれるため，価値を有する。株式の流動性が高い場合，投資家はいつでも現在の

5　厳密には，議決権の価値はTOBの対象となる可能性とTOB時の価格上昇部分から構成されるが，TOB時の価格上昇部分を予測するのが困難なため，ここではTOBの対象となる可能性についてのみ言及する。

市場価格あるいは市場価格に近い価格で必要な量の株式を売買できる。反対に，流動性の低い株式においては，市場価格あるいはそれに近い価格で株式を常に売却することができるとは限らないという点において投資家には好まれない。したがって，配当優先株が普通株よりも流動性が高ければ株価にプラスの影響を，反対の場合にはマイナスの影響を及ぼす。

■権利内容の複雑性

谷川（2009）は，配当優先株を含む種類株について，投資家が十分にその内容を把握できないのであれば，投資家は種類株への投資を避ける傾向にあり，その場合には種類株は株式市場から低く評価される可能性があることを指摘している。種類株はその権利内容が普通株とは異なるため，投資家は投資対象として評価することが難しく，評価を行う場合には調査にコストを要する可能性がある。その結果，高い調査コストを負担してまで種類株に投資を行うことを割に合わないと考える投資家は種類株への投資を避け，その結果として株式市場から低く評価される。

配当優先株と普通株の株価の差＝配当額の現在価値（+）
＋議決権の価値（－）
＋流動性（±）
＋あいまい性回避コスト（－）…………(v)

これまでの議論をまとめれば，配当優先株と普通株の株価の差は(v)式のように表される。配当優先株は普通株と比較して配当額の現在価値が高い一方，議決権がない場合も多く，投資家にその仕組みがわかりにくいことから議決権の価値やあいまい性回避コストについてはマイナス要因となる。最後に，流動性については普通株と比較して配当優先株の流動性が高いのであればプラス要因に，反対に低いのであればマイナス要因となる。この結果，配当優先株と普通株ではどちらのほうが株価が高いのかについては(v)式からは明らかでなく，現実の株価をみる必要がある。

4　配当優先株の発行状況

4.1　発行状況とこれまでの研究

■発行状況

配当優先株は従来から利用可能であったが，1990年代末に一部の銀行が政府を引受先として大量の配当優先株を発行し，公的資金の注入を受けたことを契機として注目されるようになった。その後，配当優先株を発行する日本企業は増加したが，そのほとんどが第三者割当による増資であり，配当優先株が株式市場に上場していたわけではない。

表 3－2　上場企業の増資状況

単位：百万円

年	普通株式公募	普通株式第三者割当	普通株合計	優先株式公募	優先株式第三者割当	優先株合計
1998	278,181	688,016	966,197	N.A.	N.A.	471,000
1999	349,715	2,347,286	2,697,001	N.A.	N.A.	6,989,401
2000	494,149	922,756	1,416,905	N.A.	N.A.	107,303
2001	1,201,483	477,176	1,678,659	N.A.	N.A.	216,107
2002	153,312	484,350	637,662	N.A.	N.A.	996,802
2003	567,236	223,161	790,397	N.A.	N.A.	2,532,161
2004	750,232	572,627	1,322,859	N.A.	N.A.	1,362,584
2005	650,847	778,055	1,428,902	N.A.	N.A.	1,167,769
2006	1,447,724	416,476	1,864,200	N.A.	N.A.	559,655
2007	456,974	662,102	1,119,076	N.A.	N.A.	795,543
2008	341,992	410,163	752,155	0	643,700	643,700
2009	4,966,829	723,867	5,690,696	0	553,516	553,516
2010	3,309,723	542,387	3,852,110	0	86,555	86,555
2011	967,813	421,925	1,389,738	0	69,297	69,297
2012	454,486	160,200	614,686	0	1,275,509	1,275,509
2013	1,122,543	376,305	1,498,848	0	120,000	120,000
2014	1,384,865	393,689	1,778,554	0	224,159	224,159
2015	963,087	164,682	1,127,769	0	751,272	751,272
2016	258,177	623,067	881,244	0	147,978	147,978
2017	424,775	882,356	1,307,131	0	61,342	61,342
2018	156,057	220,460	376,517	0	59,500	59,500
合計	20,700,200	12,491,106	33,191,306			19,191,153

注：2007年までの優先株については，福田・曹（2013）で発行された優先株が公募であるか第三者割当であるか区分がないため不明。

出所：1998年から2007年までは，福田・曹（2013），2008年以降は日本取引所グループの統計月報記載（https://www.jpx.co.jp/markets/statistics-equities/monthly/index.html）の全国上場会社資金調達額。

表3－2は，1998年から2018年までの上場企業の増資状況を示している。年によってばらつきはあるものの，普通株と同様，配当優先株も比較的利用されていることがわかる。合計でみた場合，配当優先株は普通株の増資金額の6割程度を占めている。ただし，普通株の利用は時期にかかわらず利用されているのに対し，配当優先株は2005年以前のほうが利用されている。配当優先株が普通株と最も異なるのは，配当優先株が公募増資ではなく第三者割当増資により発行されている点である。普通株の場合，公募増資が第三者割当の約2倍であるのに対し，配当優先株の公募増資はゼロである。同表から明らかなように，1998年以降において配当優先株は比較的利用されているものの，少なくとも2008年以降についてはすべて第三者割当増資であり，株式市場で流通しているわけではない。

■これまでの研究

それでは，政府の公的資金を受けるために配当優先株を利用した銀行以外で，どのような企業が第三者割当増資によって配当優先株を発行し，これにより企業経営上，どのような変化が生じていたのであろうか。

日本企業を対象とした配当優先株に関する数少ない研究として，福田・曹（2013）がある。彼らによれば，配当優先株の第三者割当増資を行う企業は，同業他社と比較して負債比率が高く，低収益であるものの，発行後はこれらの状態を改善させている。この結果は，経営状態が悪化した企業が配当優先株による資金調達を実施し，その資金調達が経営改善に寄与していることを示唆している。

一方，配当優先株を発行した日本企業における普通株の株価の変化に関する研究として福田（2014）がある。これによれば，配当優先株を発行した企業では，普通株の株価がプラスに反応すること，業績の悪い企業で，かつ銀行が配当優先株の引受先となるケースにおいて株価がよりプラスに反応する。

(ii)式および(iii)式でみたように，配当優先株の株主が普通株の株主よりも高い配当を得ることができるのであれば，配当優先株発行後は普通株の株主への配当が減少する可能性がある。その場合，配当優先株の発行は普通株の株価の下落をもたらすことが予期される。しかしながら，経営状態の悪化した企業が配当優先株の発行を通じて経営を改善させることができるのであれば，普通株の株価にプラスの影響を及ぼす可能性もある。事実，福田・曹（2013）では配当優先株発行企業は発行後に経営状態を改善させているため，この改善を予期して普通株の株価がプラスに反応すると考えられる。

4.2　第三者割当増資による配当優先株の発行

このように，第三者割当増資による配当優先株発行については，経営状態の悪化した企業が実施し，実施後には経営状態を改善させることを予期して普通株の株価はプラスに反応すると考えられる。ただし，配当優先株発行企業がなぜ経営状態を改善させることができるのかについて検討する必要がある。第三者割当増資に着目するのであれば，増資後に大株主が出現して発行企業に対するモニタリングの役割を担うことが予期できる。この場合，議決権のない配当優先株の株主はモニタリングを行うことは難しく，議決権のある普通株を用いたほうがモニタリングの効果が高いであろう。

これに対し，第三者割当増資の引受先は特定の投資家や企業であることから，発行企業が資金調達を行うことができさえすれば経営改善が見込めることを引受先は知っており，そのために増資を引き受けている可能性がある。経営者は自らの企業が資金調達を行うことができさえすれば経営改善が見込まれることをわかっているのに対し，一般の投資家はそのことをわからない状況，すなわち情報の非対称性が存在する場合に当該企業は公募増資を選択することが困難となる。このような状況において，資金調達を行うことができさえすれば経営改善が見込まれることをわかっている一部の投資家が存在すれば，その投資家が当該企業の株式を第三者割当増資により引き受け，当該企業は資金調達とその後の経営改善を図ることが可能となる。

そうであれば，普通株であれ配当優先株であれ，第三者による保証効果により発行時に株価がプラスに反応すると解釈される。ただし，その場合には資金調達手段として重要なのは第三者割当増資であり，配当優先株を用いる必然性はない。これについては，引受先がどの程度増資企業の経営改善が見込めると考えているのかによって，普通株を引き受けるのか，配当優先株を引き受けるのかを決定しているのかもしれない。

増資企業が資金調達を実施し，それにより大幅な経営改善が高い確率で見込まれるのであれば，第三者割当増資の引受先は普通株を引き受けるであろう。なぜなら，経営改善後には株価の大幅な上昇が見込まれ，これにより普通株の株主は多大な利益を得ることができるためである。これに対し，大幅な経営改善が生じる確率が低い，あるいは確率は高くとも大幅な経営改善が見込めるとまではいえない状況に増資企業があれば，第三者割当増資の引受先は配当優先株を引き受けるかもしれない。なぜなら，配当優先株の株主は当初見込まれた経営改善が実施されない場合でも配当を優先的に得ることができるためである。すなわち，第三者割当増資の引受先は大幅な経営改善から得られるキャピタルゲインよりもインカムゲインを選択するほうが合理的な場合，配当優先株を引き受けると考えられる。

その結果，①経営状態が悪化した企業で，かつ情報の非対称性のために公募増資の実施が困難であるものの，②大幅な経営改善が生じる確率が低い，あるいは確率は高くとも大幅な経営改善が見込めるとまではいえない状況にある企業が，第三者割当増資により配当優先株を発行すると考えられる。

5　伊藤園の事例

ここでは，現在，配当優先株を上場させている唯一の企業である伊藤園のケースについてみてみる。伊藤園はもともと普通株を東証に上場させていたものの，2007年に配当優先株を上場させ，現在に至っている。したがって，現在では普通株と配当優先株の両方を東証に上場させている。また，同社の配当優先株は上場している点で，経営状態の悪化した企業が第三者割当増資による配当優先株を発行したケースとは異なるかもしれない。それでも，同社を対象としたのは，配当優先株の株価が，配当優先株発行の是非を考えるうえで重要な情報となるためである。

5.1　配当優先株の発行

表3－3は伊藤園の概要を表している。同社は，1966年にフロンティア製茶として設立され，その3年後には現在の社名に変更し，1992年に店頭登録，

表3－3　伊藤園の歴史

年	主な経営上の変化
1966	伊藤園の前身であるフロンティア製茶を設立
1969	社名を伊藤園へ変更
1992	日本証券業協会に店頭登録
1996	東証二部に普通株を上場
1998	東証一部に指定
2006	フードエックス・グローブ(現 タリーズコーヒージャパン)の株式の過半数を取得
	普通株1株につき2株の株式分割を実施
2007	配当優先株（第一種優先株）の株主無償割当を実施
	東証一部で配当優先株（第一種優先株）の公募増資を行い，上場
	配当優先株（第一種優先株）の第三者割当増資を実施
2011	乳製品の加工・販売を行うチチヤスの株式を100%取得
	自社株として所有していた優先株100万株消却
2012	自社株として所有していた普通株200万株消却

出所：伊藤園の有価証券報告書各年を参考に筆者作成。

1996年に東証二部へ，その2年後には東証一部へ普通株を上場させている。同社は，2006年にコーヒー事業を行うフードエックス・グローブ（現 タリーズコーヒージャパン）を，2011年には乳製品を扱うチチヤスを買収している以外は特にお茶と関連性のないM&Aを行っているわけではなく，同社がお茶事業を中心とした飲料品事業に従事していたことがわかる。同表からは明らかでないものの，同社の事業別セグメント情報によれば，緑茶や麦茶などの茶葉製品と子会社のタリーズを通じたコーヒー事業が9割超を占めており，残りをサプリメント事業が占めている[6]。

同社は2007年9月に普通株1株を有する株主に第一種優先株式とよばれる配当優先株0.3株を無償で割り当てると同時に配当優先株を東証一部に上場させ，同年11月に配当優先株による公募増資を行っている。さらに，オーバーアロットメント実施[7]のために同年12月に野村証券を引受先として配当優先株の第三者割当増資を実施している。その後，2012年に普通株の自社株取得とその償却

6　2018年4月期の有価証券報告書の情報であるが，他の年においてもおおむね同様であった。

7　オーバーアロットメントとは，企業がIPO（新規株式公開）や公募増資を実施する際，当初の公募・売り出しの予定数量を超える需要があった場合に，主幹事証券会社が大株主などから一時的に株を借りて公募・売り出しと同一条件で投資家に販売することである。

表3－4　伊藤園の配当優先株

議決権	基本的になし。ただし，過去2年間，配当が実施されなかった場合には議決権が発生する場合もある
配当	普通株の125%の配当となる。ただし，1株当たり15円の下限がある。もし，配当が実施されなかった場合は累積され，のちに配当が実施される
普通株への転換権	上場廃止，完全子会社化，TOBが成立する場合には，配当優先株1株に対して普通株1株が交付される
残余財産分配請求権	普通株と同条件である。ただし，未払い配当がある場合には優先的に分配される
株主優待	あり

出所：伊藤園の有価証券報告書および同社ホームページ（https://www.itoen.co.jp/finance_ir/preferred_stocks/）（2020年8月17日）を参考に筆者作成。

を実施しつつも，両株式ともに上場を続けている。

表3－4は，伊藤園の発行した配当優先株の条件を示している。議決権については，2年間無配が続かない限り存在しない。その一方で，配当については普通株の配当の125%が得られる。また，1株当たり15円の下限が存在したり，無配の場合は累積されて翌年以降に配当が行われたりする点でも普通株と比較して優遇されている。

普通株への転換権については，上場廃止や完全子会社化，TOBが成立する場合に生じることから，敵対的M&Aへの防衛策としての役割を果たす可能性がある。敵対的M&Aのターゲットとなり，TOBを通じて過半数の普通株が買収企業によって取得された場合，配当優先株が普通株へ転換されることで普通株の発行済株式数が増加し，その結果として買収企業の持株比率を低下させるためである。なお，2008年時点で発行された配当優先株は約3,500万株であり，同時期の普通株の発行済株式数は約9,100万株であった。そのため，敵対的買収者が普通株の発行済株式の50%に当たる4,550万株を取得した場合，配当優先株の株主へ約3,500万株の普通株が交付され，その結果として敵対的買収者の普通株の所有割合は約36%へ低下することになる。

最後に，残余財産分配請求権と株主優待制度については基本的に普通株と同様である。このように，同社の配当優先株は基本的に議決権が存在しない一方，普通株の25%増しの配当を得ることができる。(v)式に基づいて同社株式を評価した場合，配当額の現在価値は普通株よりも25%増しとなる。一方，(v)式では配当優先株には議決権がなく，TOBの可能性が生じた場合に普通株の株価上昇からのメリットを享受できないとされた。しかしながら，同社の場合はTOBが成立するときには配当優先株は普通株へ転換されるため，普通株の株価上昇からのメリットを享受できる可能性があり，そのために(v)式の議決権の価値もプラスとなる可能性がある。

伊藤園側の配当優先株導入の理由として，「資金調達手段の選択肢を広げ，成長機会を的確に捉えて機動的な資金調達を行うことができるよう，また株主の皆さまに新たな投資対象を提供することを目的として発行」[8]とあるものの，何を目的として配当優先株を発行し，上場させたのかについてははっきりとしない。

5.2　発行前後の経営状況

表３-５と**表３-６**は，それぞれ普通株と配当優先株の発行済株式数と株主構成の推移を示している。**表３-５**より，普通株については2006年に１株を２株とする株式分割を行っているため，株式数が２倍となっている。その後，2012年に自社株の一部消却を実施したことにより，若干減少している。これに対し，配当優先株については，2007年に発行・上場させたのち，2011年に自社株の一部消却を実施したことにより，若干減少しているものの，株式数についてはほとんど変化がない。すなわち，配当優先株発行の理由として同社は資金調達を強調していたものの，2007年以降に普通株あるいは配当優先株による増資を頻繁に行っていたわけではない。

表３-６については，普通株と配当優先株では株主構成が大きく異なっていることがわかる。配当優先株については，相対的に個人株主の割合が高い一方，金融機関やその他法人の割合が低い。すなわち，国内の金融機関や事業法人は伊藤園の普通株は所有するものの，配当優先株は所有しない傾向にあることを意味する。この理由の１つとして，配当優先株はTOPIXに採用されていないため，インデックス運用を行う一部の機関投資家などが売却する，あるいは投

8　同社のホームページ（https://www.itoen.co.jp/finance_ir/preferred_stocks/）より。

表3－5　発行済株式数の推移

単位：株数

年	普通株	配当優先株
2000	45,606,190	
2001	45,606,190	
2002	45,606,190	
2003	45,606,190	
2004	45,606,190	
2005	45,606,190	
2006	91,212,380	
2007	91,212,380	
2008	91,212,380	35,246,962
2009	91,212,380	35,246,962
2010	91,212,380	35,246,962
2011	91,212,380	34,246,962
2012	91,212,380	34,246,962
2013	89,212,380	34,246,962
2014	89,212,380	34,246,962
2015	89,212,380	34,246,962
2016	89,212,380	34,246,962
2017	89,212,380	34,246,962
2018	89,212,380	34,246,962

表3－6　株主構成の推移

単位：%

年	普通株				配当優先株			
	個人その他	外国法人等	金融機関	その他の法人	個人その他	外国法人等	金融機関	その他の法人
2000	19.26	12.15	31.71	36.65				
2001	20.84	10.97	30.75	37.03				
2002	25.75	10.42	26.68	29.26				
2003	22.80	10.39	32.34	33.01				
2004	23.64	16.36	24.81	33.20				
2005	23.34	20.66	20.30	34.49				
2006	28.08	18.44	17.90	35.17				
2007	28.80	16.65	18.80	35.43				
2008	34.12	10.11	19.70	35.84	37.62	15.17	10.97	29.88
2009	37.41	7.78	18.61	35.90	41.10	12.82	10.87	29.60
2010	40.28	8.91	16.55	33.58	47.35	12.60	10.48	29.50
2011	40.86	8.35	16.94	33.56	47.91	13.57	8.06	30.42
2012	40.67	6.49	18.82	33.61	48.13	13.99	7.48	30.31
2013	35.78	12.46	17.40	33.82	46.05	17.36	7.17	29.41
2014	33.73	13.31	18.81	33.99	44.31	20.33	6.36	28.66
2015	32.56	14.30	18.78	33.93	42.85	22.50	6.14	28.37
2016	28.08	17.71	19.68	33.89	42.99	22.87	5.77	28.35
2017	26.13	19.11	20.52	33.78	42.89	25.41	3.70	27.80
2018	25.32	20.63	20.39	33.33	42.76	26.48	3.22	27.39

▶図3－1　資本構成と売上高の推移

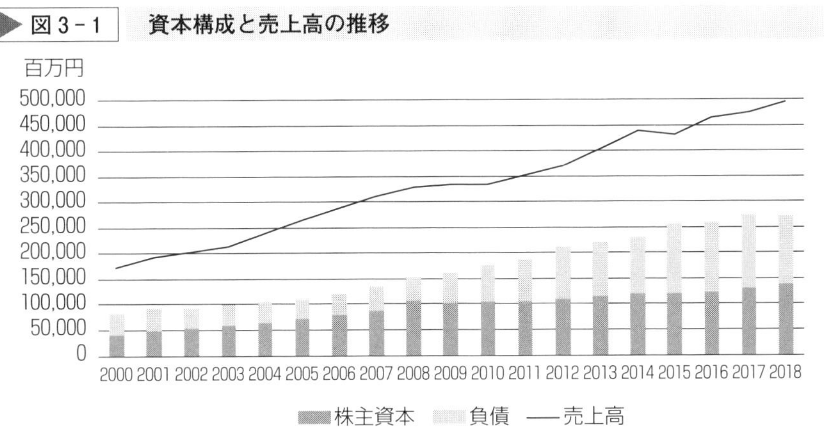

資対象としないことが指摘されている[9]。

株主構成に関して興味深いもう1つの違いとして，外国法人等の持株比率の違いが挙げられる。外国法人等株主は，個人と個人以外に分かれる。ただし，そのほとんどが個人以外，すなわち外国法人から構成されるものの，この外国法人が金融機関なのか事業会社なのかは明らかでない。2008年より普通株と比較して配当優先株では外国法人の持株比率が一貫して高く，増加傾向にある。このように，普通株と比較した場合，配当優先株は国内の個人投資家と外国法人の割合が高いことがわかる。

次に，**図3－1**の伊藤園の連結ベースでの資本構成と売上高の推移についてみてみる。同社は2000年から一貫して事業規模を拡大させるとともに株主資本の割合についてもおおむね50%程度を維持している。2008年の株主資本の増加は配当優先株の発行によるものであり，**表3－5**でもみたように，それ以降は有償増資を行っていない。したがって，2008年以外の同社の株主資本の増加は利益の内部留保によるものであることがうかがえる。また，事業規模の順調な拡大に伴って売上高についてもほぼ一貫して増加傾向にある。

図3－2および**図3－3**は，連結ベースのROA（総資産事業利益率）とROE（株主資本当期純利益率）について伊藤園と食品業の業種平均の変化を示して

9　冨所（2008），52-53頁。

図3－2　ROAの推移

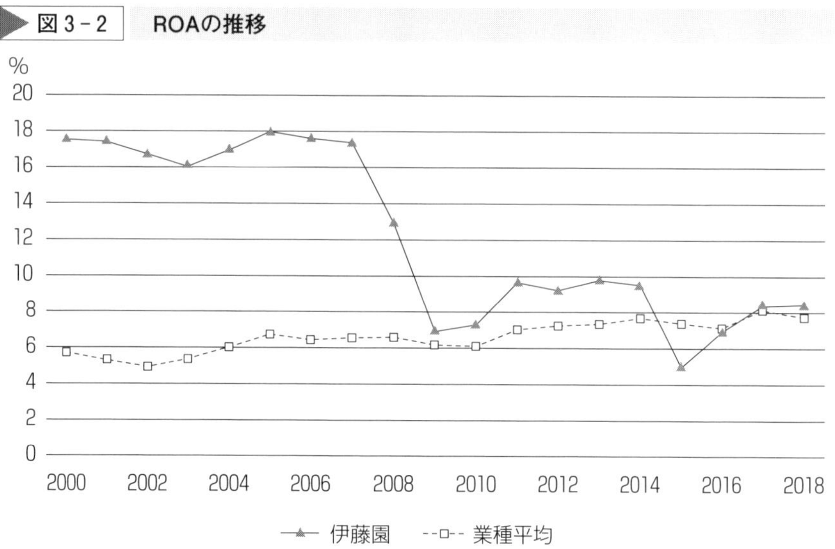

図3－3　ROEの推移

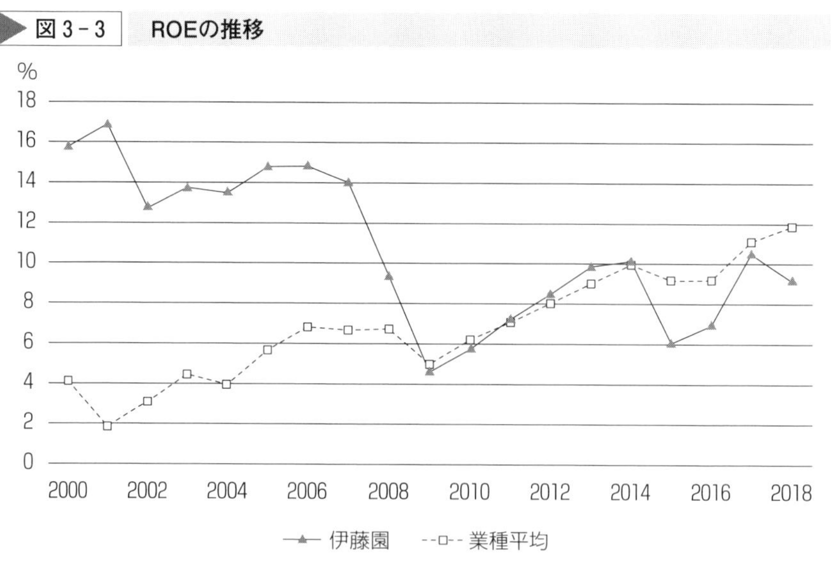

いる。ROAもROEも当初は業種平均を大きく上回っていたものの，2008年を境に下落し，おおむね業種平均と同じ水準にある。したがって，同社では事業

規模と売上高については順調に増加していったのに対し，収益性については2008年以降下落している。この2008年の業績悪化については，両図からは明らかでないものの，販売費及び一般管理費の中の販売手数料が主として増大したために利益が減少し，ROAとROEの低下をもたらしている。この販売手数料の増大については，同社の有価証券報告書[10]によれば「新規開拓を強化したことによる取引先の増加や，量販店，コンビニエンスストアでのキャンペーンを展開し，販売促進活動に努めたことによるもの」とある。これらのことを総合すれば，伊藤園は，2000年以降順調に規模を拡大させていったものの，2008年以降は販売手数料の増大に伴って利益が伸び悩み，その結果としてROAやROEが低下したものと思われる。ただし，同社の収益性が低下したといっても，同業他社と同水準に落ち着いており，同業他社と比較して著しく業績が悪化しているわけではない。

5.3　配当と株価

表3－7は伊藤園の1株当たり配当額の推移を示している。同社の有価証券報告書（2006年3月期）によれば，配当優先株発行前において連結での配当性向30%を目標としており，利益に対して一定割合の配当を実施することを目標としていたが，同表より普通株については40円前後の安定配当を行っていたことがわかる。配当優先株は基本的に普通株の125%の配当額であるため，1株当たり配当額もおおむね50円前後で推移している。これまでのところ，配当優先株に対しては必ず普通株の125%の配当が行われているため，株式市場がこの継続を予期し，さらに(v)式においてマイナス要因となっている議決権の価値などの影響が小さいのであれば，普通株よりも配当優先株のほうが株価が高いことが予期される。

図3－4は配当優先株が上場した2007年から2018年末までの伊藤園の普通株と配当優先株の株価の推移を示している。配当優先株の上場日である2007年9月3日における同社普通株の終値が2,930円であったのに対し，配当優先株は2,795円であった。その後，一貫して普通株のほうが株価が高く，特に2013年

10　伊藤園の有価証券報告書，平成20年4月，20頁。

表3－7　1株当たり配当額の推移

単位：円

年	普通株(調整無)	普通株(調整済)	配当優先株
2000	35	35	
2001	40	40	
2002	40	40	
2003	43	43	
2004	50	50	
2005	70	70	
2006	57	114	
2007	47	94	
2008	38	76	48
2009	38	76	48
2010	38	76	48
2011	38	76	48
2012	38	76	48
2013	38	76	48
2014	39	78	49
2015	40	80	50
2016	40	80	50
2017	40	80	50
2018	40	80	50

注：2006年に株式分割を行っているため，その影響を調整したのが，普通株(調整済)である。

図3－4　株価の推移

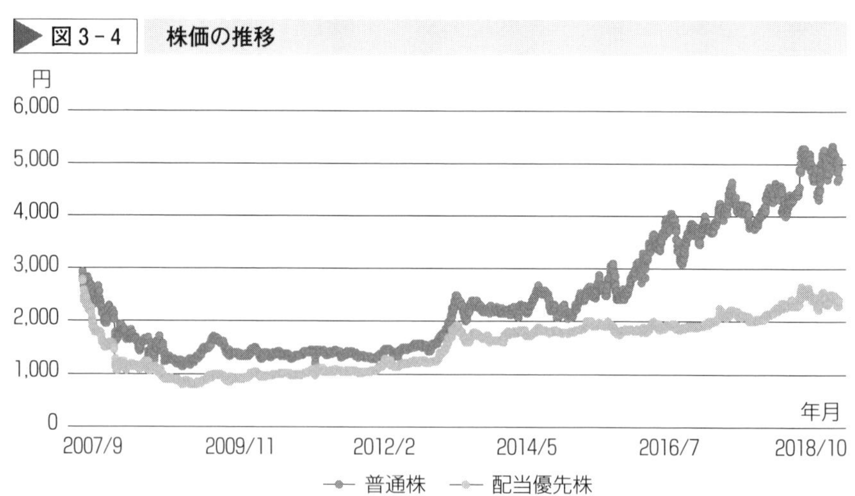

前後を境としてその乖離はより大きくなっている。

伊藤園の配当優先株と普通株の株価の差については，配当優先株の上場直後から注目が集まっていた。配当優先株のほうが高配当であるにもかかわらず，上場時においても，それから数年が経過しても配当優先株の株価が普通株よりも低かったことより，なぜ配当優先株のほうが株価が低いのかについていくつかの指摘がなされた。具体的には，(v)式でみた議決権の価値，流動性，あいまい性回避コストに加えて，配当優先株はTOPIXに採用されていない，証券コードが普通株の４桁と異なり５桁である，などが指摘された[11]。これらの多くは，配当優先株が発行されて数年以内を想定して主張されており，10年以上経過した現在の状況まで想定しているわけではない。すなわち，2013年前後を境として，両株式の価格差が一層拡大したことをこれらの主張が考慮してなされたわけではない。

5.4　株価の説明要因

以下では，長期の株価の変化を考慮しつつ，当初主張された配当優先株の株価が普通株と比較して相対的に低い要因について検討を行う。

■TOPIXへの非採用

ある銘柄がTOPIXへ採用されていない場合，その銘柄はインデックス運用を行う機関投資家の投資対象とならない。その結果，採用銘柄と比較して相対的に株価が低くなる可能性がある。伊藤園の場合，普通株はTOPIX採用銘柄であるのに対し，配当優先株は採用銘柄ではなく，このことが両株式の価格乖離の一因として主張された。しかしながら，これが主たる要因であるとすれば，TOPIXの値が一定である限り，両株式の価格はおおむね一定の価格差で推移するはずであり，**図３-４**が示すように2013年前後を境として価格差が拡大することはないと考えられる。一方，TOPIXの値が上昇するような場合には，伊藤園の普通株も連動して上昇し，その結果として配当優先株の価格と乖離する可能性がある。

11　冨所（2008），52-53頁。

図3－5　TOPIXの推移

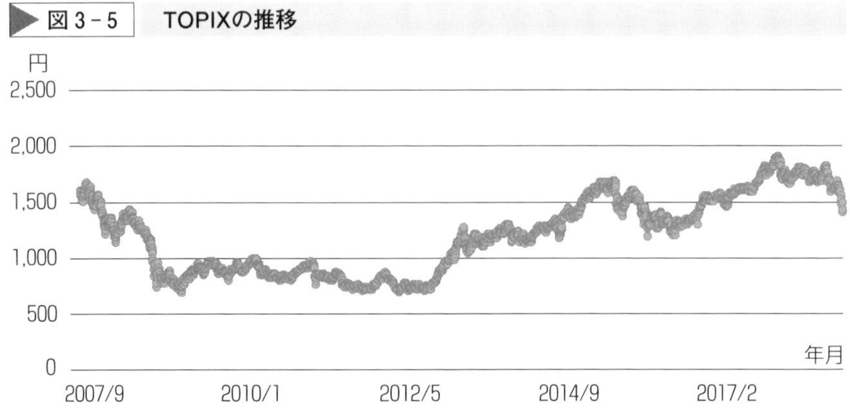

図3－5は，伊藤園の配当優先株が上場した2007年9月以降のTOPIXの推移を示している。TOPIXが2013年以降上昇に転じていることがわかる。**図3－4**と**図3－5**を比較した場合，TOPIXと連動して伊藤園の普通株も2013年以降に上昇したのに対し，同社の配当優先株は連動していない。すなわち，TOPIXとの連動性の違いが2013年以降の両株式の価格差の拡大をもたらした可能性がある。配当優先株はTOPIXに採用されていないため，TOPIXが投資家によって積極的に購入される局面においても購入の対象とはならず，価格もTOPIXと連動していない可能性がある。

■5桁の証券コードおよびあいまい性回避コスト

通常，証券取引所に上場している株式には証券コードとよばれる4桁の数字が割り振られているが，伊藤園の配当優先株の証券コードは5桁となっている。具体的には，同社の普通株の証券コードが「2593」であるのに対し，配当優先株のそれは「25935」である。このため，証券会社によってはインターネットのシステムが対応しておらず，同社の配当優先株はインターネット上で売買の注文ができない可能性があった。このことが，発行当初，同社の普通株と比べて配当優先株の株価が低い一因として指摘された[12]。しかしながら，このよう

12　冨所（2008），53頁。

なシステムの対応不備の問題は，配当優先株の上場直後であれば生じた可能性があるものの，時間とともに修正されるはずである。したがって，これが主たる理由で上場直後の配当優先株の株価が普通株よりも低いとしても，その後は解消されるはずであり，**図３－４**のように時間の経過とともに差が拡大することはないと考えられる。

また，(v)式でみたあいまい性回避コストについては，配当優先株のような種類株は投資家が十分にその内容を把握できないのであれば，投資家は種類株への投資を避ける可能性があり，その場合には種類株は株式市場から低く評価される可能性がある。これが主たる理由で，上場直後の伊藤園の配当優先株の株価が低迷したとしても，証券コードの場合と同様，時間の経過とともに投資家は配当優先株の権利内容について理解するようになり，株価は上昇するはずである。したがって，時間の経過とともに価格差が拡大したことに鑑みれば，５桁の証券コードもあいまい性回避コストも伊藤園の配当優先株の株価が相対的に低い状況を説明することは困難であると考えられる。

■議決権の価値

(v)式でみたように，TOBが生じた場合，株主はTOB価格で株式を売却することが可能となる。この場合，TOB価格はTOB前の株価を大きく上回っている場合が多い。また，TOBに応じなくとも，TOBの実施により，株式市場における株価がTOB価格近くまで上昇する場合が多く，市場で売却して利益を得ることもできる。これに対し，配当優先株に議決権が付与されていないのであれば，TOBの実施からのメリットを享受することはできない。

しかしながら，**表３－４**でみたように伊藤園の普通株がTOBの対象となり，買収者によって過半数が買い占められた場合，同社の配当優先株は普通株に転換される。その結果，普通株の株式数が増加するため，買収者はさらに普通株を取得する必要が生じ，同時に旧配当優先株の株主は転換した普通株を高値で売却する機会を得る。すなわち，伊藤園がTOBの対象となる可能性が高ければ配当優先株の価格も普通株と同様，上昇すると考えられる。その結果，議決権の価値によって2013年前後を境とした株価の差の拡大を説明することは困難であろう。また，TOBの対象となる可能性が高いか否かについては，同社の

表3－8　普通株の所有割合

単位：%

年	伊藤園				食品業			
	上位十大株主持株比率	少数特定者持株比率	浮動株比率	従業員持株会持株比率	上位十大株主持株比率	少数特定者持株比率	浮動株比率	従業員持株会持株比率
2000	52.63	54.27			7.06	6.98		
2001	54.82	56.42			7.28	7.23		
2002	52.35	53.91			7.81	7.44		
2003	51.41	54.39			10.01	9.44		
2004	50.17	53.18			11.87	11.06		
2005	45.96	49.14			11.42	12.08		
2006	44.65	49.15			12.49	13.09		
2007	44.81	49.17			18.71	19.66		
2008	44.61	48.95			18.59	19.54		
2009	56.94	48.40	22.40	2.00	19.39	19.97	2.95	0.23
2010	51.19	43.20	23.40	2.40	18.37	19.47	4.19	0.30
2011	51.31	43.90	23.60	2.70	18.60	19.70	5.14	0.34
2012	52.19	44.90	23.40	2.90	18.82	19.85	4.91	0.33
2013	54.13	46.60	21.10	3.10	18.50	20.60	4.75	0.25
2014	55.55	48.60	19.50	3.00	19.40	21.62	4.43	0.33
2015	55.66	48.70	18.70	2.90	22.85	25.69	5.65	0.49
2016	59.64	52.40	14.80	2.80	23.72	26.67	5.52	0.42
2017	60.32	52.90	13.30	2.70	31.33	35.23	7.34	0.67
2018	64.15	54.90	12.70	2.60	36.94	41.17	8.76	0.77

普通株の株主構成に依存するであろう。

表3－8は伊藤園と食品業に属する企業平均の株式所有割合の推移を示している。食品業の業種平均と比較した場合，伊藤園の上位十大株主持株比率および少数特定者持株比率の値がかなり高いことから，同社には持株比率の高い大株主が存在していることがわかる。同表からは明らかでないものの，十大株主の中には同社の創業者の１人であり，現在も代表取締役である会長の本庄八郎氏が個人の大株主として常に２%超の株式を所有している。さらに，創業者一族で事実上約３分の１の株式を所有している[13]といわれ，TOBの対象となる可能性は極めて低いことが予期される。また，**表3－8**からは2013年以降に伊藤園の創業者一族の持株比率が急激に高まり，TOBの対象となる可能性が低下したことを示す変化はみられない。もっとも，伊藤園がTOBの対象となる可能性が低下すれば，普通株も配当優先株も株価が下落するはずであり，TOBの対象となる可能性の変化が2013年以降における普通株と配当優先株の価格差の拡大を説明できるわけではない。

13　冨所（2008），52頁。

■流動性

一般に，流動性が高ければ株価にプラスの影響を，反対の場合にはマイナスの影響を及ぼす。したがって，配当優先株と比較して普通株の流動性が高ければ普通株の株価が高い一因として考えられる。同様に，2013年以降に両株式の流動性の差が拡大するようであれば，流動性の違いが2013年以降の株価の乖離を説明する一因となる。

図3－6は伊藤園の普通株と配当優先株の流動性の推移を示している。ここでは流動性の指標として，日次の売買高を発行済株式数で割った値の年平均値を用いている。同図より，配当優先株が上場した2007年を除き，普通株の流動性のほうが一貫して高いこと，2013年以降にその差が拡大していることがわかる。このように，両株式の流動性の違いが価格差をもたらしている一因として考えられる。配当優先株を購入する投資家は配当を得ることを目的とし，それゆえ長期保有の投資行動をとるのであれば，その結果として株式の流動性は低くなり，そのことが普通株との株価の違いを生じさせている可能性がある。

図3－6　流動性の推移

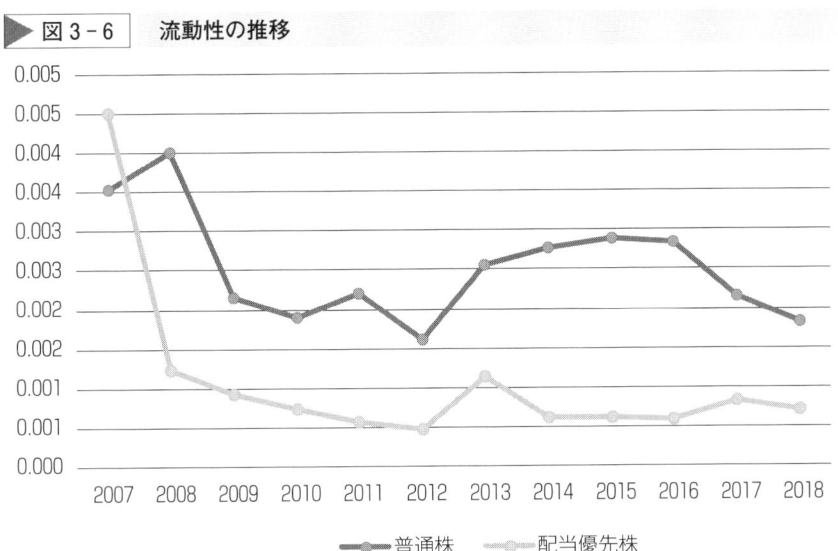

注：流動性は（売買高/発行済株式数）の年平均値を用いている。

6 おわりに

ここでは，どのような企業が増資の一手段として配当優先株の発行を行うのか，配当優先株が上場しているのであれば普通株の株価とどのように異なるのかについてみてきた。配当優先株は従来から利用可能であったものの，1990年代末に一部の銀行が政府を引受先として大量の配当優先株を発行し，公的資金の注入を受けたことを契機として日本で注目されるようになった。その後，配当優先株を発行する日本企業は増加していったが，そのほとんどが第三者割当による増資であり，配当優先株が株式市場で流通していたわけではない。第三者割当増資による配当優先株の発行に関する研究によれば，配当優先株を発行した企業は，同業他社と比較して負債比率が高く，低収益であるものの，発行後はこれらの状態を改善させることを明らかにしており，配当優先株による資金調達はラストリゾート（最後の資金調達手段）としての役割を果たしている可能性がある。

さらに，現在，配当優先株を株式市場に上場させている唯一の企業である伊藤園のケースについてみたところ，次の4点が明らかとなった。

第一に，同社は2000年から現在に至るまで，事業規模と売上高を順調に拡大させていること，収益性についても2009年以降下落しているものの同業他社とあまり変わらないことより，同社については，第三者割当増資を通じた配当優先株の発行とは異なり，同社の配当優先株による資金調達はラストリゾートとしての役割ではなかった可能性がある。

第二に，同社の配当優先株は基本的に普通株の配当額の125%を配当として得ることができる代わりに議決権がないという属性を有していた点である。この属性により，議決権に関心がなく，配当を得ることのみに関心のある投資家，すなわち個人投資家が同社の配当優先株に関心を持つ可能性が高く，事実，同社の配当優先株の株主構成は普通株と比較して個人投資家の割合が高かった。

第三に，配当優先株の株価は普通株よりも一貫して低く，特に2013年以降は価格乖離が拡大していった点である。配当優先株の発行以来，配当優先株は常に普通株の125%の配当を実施していることから，配当以外の要因が株価の乖離に影響を及ぼしていると考えられる。

第四に，2013年以降における同社の株価の差の拡大はTOPIXとの連動性および流動性の違いに起因する可能性がある点である。2013年以降のTOPIXの値の上昇に連動して伊藤園の普通株の株価も上昇した可能性がある。これに対し，配当優先株はTOPIX非採用銘柄であるため，TOPIXが投資家によって積極的に購入される局面においても購入の対象とはならず，その結果として価格もTOPIXと連動していない可能性がある。あるいは，配当優先株を購入する投資家が長期保有の投資行動をとるのであれば，TOPIXの上昇や下落とは無関係に配当優先株を所有し続け，その結果としてTOPIXとの連動性も流動性も低い可能性がある。

[補論１]

DDMに基づけば，一定額の配当が継続する場合の理論株価Pは下記のように計算される。なお，n 年後まで１株当たりの配当額Dが支払われ，株主資本コストは r とする。

$$P=\frac{D}{(1+r)^1}+\frac{D}{(1+r)^2}+\frac{D}{(1+r)^3}+\cdot\cdot\cdot\cdot+\frac{D}{(1+r)^n}\cdots\cdots\cdots\cdots\text{(vi)}$$

(vi)式の両辺に$\frac{1}{1+r}$をかけると下記のようになる。

$$\frac{1}{1+r}P=\frac{D}{(1+r)^2}+\frac{D}{(1+r)^3}+\frac{D}{(1+r)^4}+\cdot\cdot\cdot\cdot+\frac{D}{(1+r)^{n+1}}\cdots\cdots\cdots\cdots\text{(vii)}$$

(vi)式から(vii)式をひくと

$$\left(1-\frac{1}{1+r}\right)P=\frac{D}{(1+r)^1}-\frac{D}{(1+r)^{n+1}}$$

$$\left(\frac{r}{1+r}\right)P=\frac{D}{(1+r)^1}-\frac{D}{(1+r)^{n+1}}$$

$$P=\frac{1+r}{r}\left(\frac{D}{(1+r)^1}-\frac{D}{(1+r)^{n+1}}\right)$$

$$=\frac{D}{r}-\frac{D}{r}\times\frac{1}{(1+r)^n}$$

n 年後が無限大だとすると，$\frac{1}{(1+r)^n}$ は 0 に収束する，すなわち 0 とみなすことができるため，理論株価Pは下記のようになる。

$$P=\frac{D}{r}$$

第4章

純粋持株会社の採用

ビール会社の事例

1　本章のねらい

純粋持株会社とは，自らは直接事業活動を行わず，他企業の株式を所有し，その企業の支配を行っている企業のことを意味する。したがって，純粋持株会社は株式所有を通じて他企業の支配を行っている企業，すなわち子会社を通じて間接的に事業活動を行っている企業といえる。日本では，1997年に独占禁止法第９条の改正により純粋持株会社が利用できるようになり，採用する企業が増加しつつある。

純粋持株会社の利用については，２つのケースに大別される。１つは，親会社と子会社から構成される企業グループにおいて，親会社が純粋持株会社となるケースである。この企業グループを一組織と考えた場合，親会社が純粋持株会社となることは組織再編として位置づけることができる。もう１つは，複数の企業が共同で純粋持株会社を設立し，その子会社となるケースである。この場合，M&Aの一手段として純粋持株会社が利用されており，経営統合とよばれる。

ここでは，親会社と子会社から構成される企業グループにおいて，一部の日本企業がなぜ親会社を純粋持株会社とする組織再編を行っているのか，この組織再編はどのような状況のもとで実施され，当該企業の業績にどのような影響を及ぼしているのかについてビール業界に属するサッポロホールディングス（以下，サッポロとよぶ），キリンホールディングス（以下，キリンとよぶ），アサヒグループホールディングス（以下，アサヒとよぶ）の３社についてみてみる。

2 純粋持株会社の定義と解禁の経緯[1]

2.1 純粋持株会社の定義

持株会社（holding company）という用語は，日本名では「株」を持つ会社であるものの，英語名からは「何」を持つ会社なのかは明らかではない。しかしながら，英語名においても他企業の株式を持つ会社の意味で用いられる場合が多い。ただし，他企業の株式を所有することで，その企業の支配を行うケースもあれば，株式投資の目的で他企業の株式を所有するケースもある。さらに，他企業の株式を所有して，その企業の支配を行うと同時に自らも事業活動を行っているケースもある。

しかしながら，一般に持株会社という場合，純粋持株会社（pure holding company）を指す場合が多く，もっぱら他企業の株式を所有し，その所有を通じて被所有企業の支配を行う企業のことを意味する。したがって，株式を所有しているものの支配を行っていない企業は持株会社には属さない。また，株式の所有割合については，支配を行うことができる程度に所有していることから，過半数の株式を所有している場合が多い。その場合，被所有企業は子会社とよばれる。

一方，他企業の株式の所有およびその支配を行うと同時に自らも事業活動を行っている企業を事業持株会社（operating holding company）とよぶ。現代の大企業のほとんどが子会社を有すると同時に自らも事業活動を行っているため，事業持株会社に属する。そのため，本来，純粋持株会社と事業持株会社を総称して持株会社とよぶべきではあるものの，実際には純粋持株会社の意味で

1 この節の大部分は大坪（2005）による。

持株会社という用語を用いる場合が多い。ここでは，混乱を避けるため，純粋持株会社と事業持株会社を総称する意味で持株会社という用語を用いる。

【持株会社】

純粋持株会社	他企業の株式の所有とそれに基づく支配を行い，自らは直接事業活動を行わない会社
事業持株会社	他企業の株式の所有とそれに基づく支配を行い，同時に自らも事業活動を行う会社

図4－1は持株会社の例を示している。純粋持株会社の場合，自らは事業活動を行わず，子会社である企業BとCを通じて間接的に事業活動を行っている。これに対し，事業持株会社では事業部門Aを有する点で自らも事業活動を行っている。なお，この例ではどちらも子会社の株式を100%所有することで当該子会社の支配を行っている。

さらに，金融業に属する企業が純粋持株会社を利用する場合には，特に金融持株会社あるいは銀行持株会社と表現されることもある。また，親会社と子会社から構成される企業グループで，かつ重層的である場合，中間に位置する子会社が純粋持株会社であった場合はこれを中間持株会社とよぶこともある。

図4－1　持株会社の例

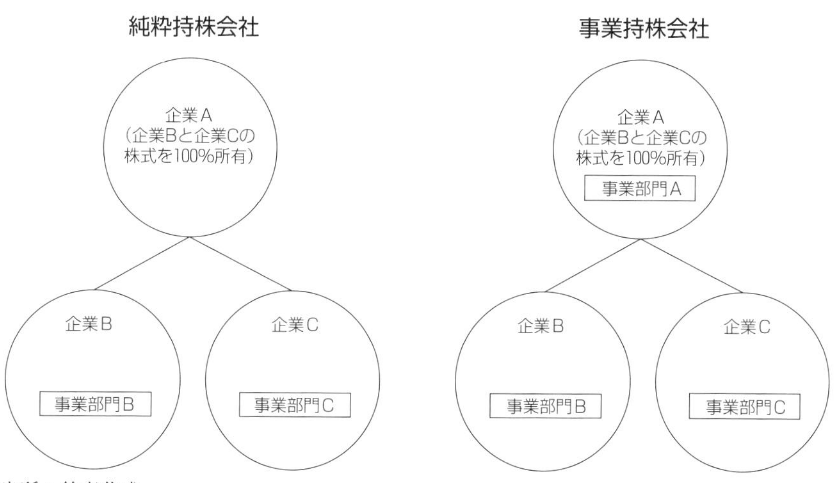

出所：筆者作成。

一方，戦後から長期にわたり日本では独占禁止法第9条により持株会社が規定され，日本国内での設立・利用が禁止されてきた。しかしながら，1997年に同法が改正されたことにより，事業支配力が過度に集中しない限りにおいて持株会社の利用が可能となり，現在に至っている。

2.2　解禁の経緯

独占禁止法第9条により，1997年以前は純粋持株会社の利用は禁止されていたものの，事業活動の支配を主たる事業としない限りにおいて企業が他企業の株式を所有・支配することは認められていた。そのため，これまでも多くの日本企業が他企業の株式を所有し，子会社として支配してきた点で事業持株会社であった。また，同法による持株会社の利用禁止は日本国内に限定されていたため，日本企業が海外で純粋持株会社を設立することはこれまでも可能であり，海外で日本企業は純粋持株会社を積極的に利用してきた。

ただし，国内における純粋持株会社解禁の動きがこれまでなかったわけではない。純粋持株会社解禁の動きは，独占禁止法制定直後および1997年の改正時以外にも，少なくともこれまで複数回生じている。このうち，解禁の直接的な契機となったのは通産省産業政策局長の私的研究会である企業法制研究会による純粋持株会社に関する研究，および解禁の提言であった。1995年2月に同研究会が「純粋持ち株会社規制及び大規模会社の株式保有規制の見直しの提言」という報告書をまとめることで，純粋持株会社の解禁に拍車がかかり，さらに1994年11月から政府・行政改革推進本部のもとに位置していた規制緩和検討委員会において，純粋持株会社の解禁が主張された[2]。

このような主張を受け，同年3月に閣議決定された「規制緩和推進計画」において，純粋持株会社の解禁について検討がなされ，3年以内に公正取引委員会が解禁を行うか否かを決定するよう要請されたのである。公正取引委員会は，純粋持株会社の解禁に前向きであったものの，当時の連立与党であった自民党，社民党，さきがけの間で純粋持株会社解禁の条件や労働法制などに関する意見がまとまらず，純粋持株会社解禁の動きは一時滞ることになる。このような状

2　松下（1996）42-43頁。

況の中，1996年12月，日本電信電話株式会社（NTT）による純粋持株会社の利用が新たに話題となる。これは親会社であるNTTを純粋持株会社とし，東西２つに分割した地域通信会社をその子会社とすることでNTTの再編を実施するという案に郵政省とNTTが合意するというものであった。このことが一時滞っていた純粋持株会社解禁の動きを再び活発化させ，最終的には1997年６月に独占禁止法改正案が可決，同年12月に施行されるに至った。

3　純粋持株会社の採用方法とメリット・デメリット

3.1　採用方法

すでに事業を行っている企業が純粋持株会社となる場合，最も簡便な方法は分社化である。分社化とは，企業内の事業部門を新設した会社へ移転し，自らはその会社の株式を所有し，当該企業を支配することである。通常，新設された会社は子会社，新設した企業，すなわち分社化を実施した企業は親会社となる。したがって，すべての事業部門を対象とした分社化を行えば，親会社は純粋持株会社となる。純粋持株会社の採用の有無にかかわらず，分社化は多くの日本企業によって長年にわたり利用されており，主に営業譲渡を通じて行われてきた。したがって，純粋持株会社の解禁当初も営業譲渡による分社化という方法で純粋持株会社が採用されてきた。営業譲渡は，当事者間で譲渡する事業の内容を自由に決定することができるという長所がある反面，株主総会による特別決議や検査役による調査を必要とするなど手続が煩雑となる。さらに，譲渡に伴って譲渡益課税が発生する場合がある。

このような営業譲渡の短所に対処するため，2000年に新たに設けられたのが会社分割である。これにより，分社化の手段として会社分割が用いられるようになり，純粋持株会社のより容易な採用を可能にした。一方，複数の企業が純粋持株会社の子会社となることで経営統合を実施するケースの場合，主として株式移転や株式交換が用いられた。この株式移転や株式交換は1999年の商法改正により利用可能となっており，現在の会社法でも規定されている。このように，様々な方法を通じて純粋持株会社が採用されてきた。

ここでは，純粋持株会社の採用の際に利用される営業譲渡，会社分割，株式交換・株式移転のうち，株式交換・株式移転の仕組みについてみてみる。なお，会社分割については，第５章で説明する。

■株式交換・株式移転

株式交換および株式移転は，ともに1999年の商法改正により利用可能となった制度であり，現在ではそれぞれ会社法第２条の第31号と第32号において規定されている。**表４－１**からわかるように，株式交換とはある企業の発行済株式の100%を別の企業が取得することを意味する。したがって，株式交換を通じて複数の企業のうち１つの企業が完全親会社に，残りの企業は完全子会社となる。ここでの完全子会社とは親会社によって100%株式を所有されている企業のことであり，その場合の親会社が完全親会社である。

図４－２は株式交換の例を示している。同図では株式交換を行うことにより，企業Aが完全親会社，企業Bが完全子会社となる。その際，企業Bの株主であ

表４－１　株式交換と株式移転

株式交換

第２条 三十一	株式交換　株式会社がその発行済株式（株式会社が発行している株式をいう。以下同じ。）の全部を他の株式会社又は合同会社に取得させることをいう。
第767条	株式会社は，株式交換をすることができる。この場合においては，当該株式会社の発行済株式の全部を取得する会社（株式会社又は合同会社に限る。以下この編において「株式交換完全親会社」という。）との間で，株式交換契約を締結しなければならない。
第769条	株式交換完全親株式会社は，効力発生日に，株式交換完全子会社の発行済株式（株式交換完全親株式会社の有する株式交換完全子会社の株式を除く。）の全部を取得する。

株式移転

第２条 三十二	株式移転　一又は二以上の株式会社がその発行済株式の全部を新たに設立する株式会社に取得させることをいう。
第772条	一又は二以上の株式会社は，株式移転をすることができる。この場合においては，株式移転計画を作成しなければならない。
2	二以上の株式会社が共同して株式移転をする場合には，当該二以上の株式会社は，共同して株式移転計画を作成しなければならない。

図4－2　株式交換の例

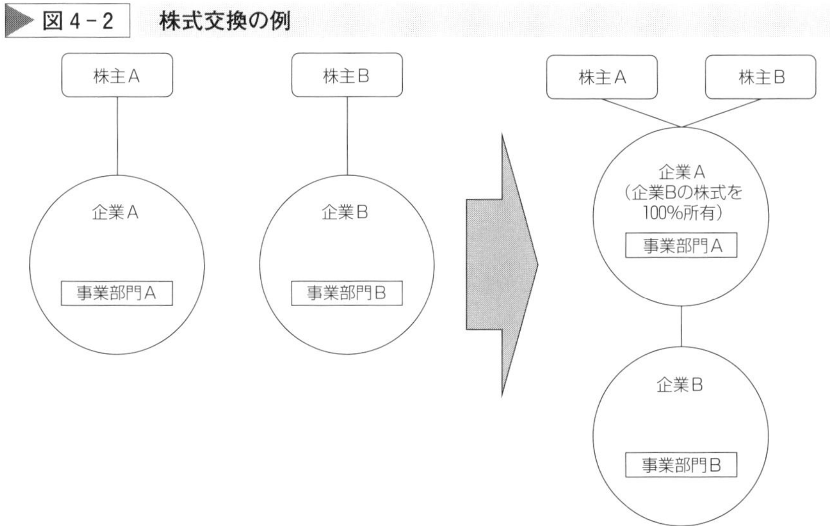

出所：筆者作成。

る株主Bは企業Bの株式と引換えに企業Aの株式を受け取る。その結果，株式交換制度を利用することにより，企業Aは現金を用いずとも100%株式所有に基づく親子関係を構築することが可能となる。ただし，これだけでは親会社である企業Aは純粋持株会社とならず，事業部門Aを対象とした分社化を別途実施する必要がある。

次に，株式移転とは新たに完全親会社を設立し，既存企業がその完全子会社となる方法であり，新たに企業が設立される点で株式交換とは異なる。また，株式交換が「複数」の企業を対象とした制度であるのに対し，株式移転は必ずしも複数の企業を対象とした制度ではない。すなわち，株式移転は複数の企業が純粋持株会社のもとで経営統合を行う場合に利用されると同時に，一企業内において純粋持株会社が採用される場合にも利用することが可能である。**図4－3**は，２企業における株式移転の例を表している。株式移転により，新たに企業Cが設立され，企業Aと企業Bはその完全子会社となる。同時に，企業Aと企業Bの株主は自らの株式と引換えに企業Cの株式を得る。したがって，株式移転を利用して純粋持株会社を採用する場合，企業Cが純粋持株会社となる。

このように，株式移転も株式交換と同様に現金を用いずに100%株式所有に

図4－3　株式移転の例

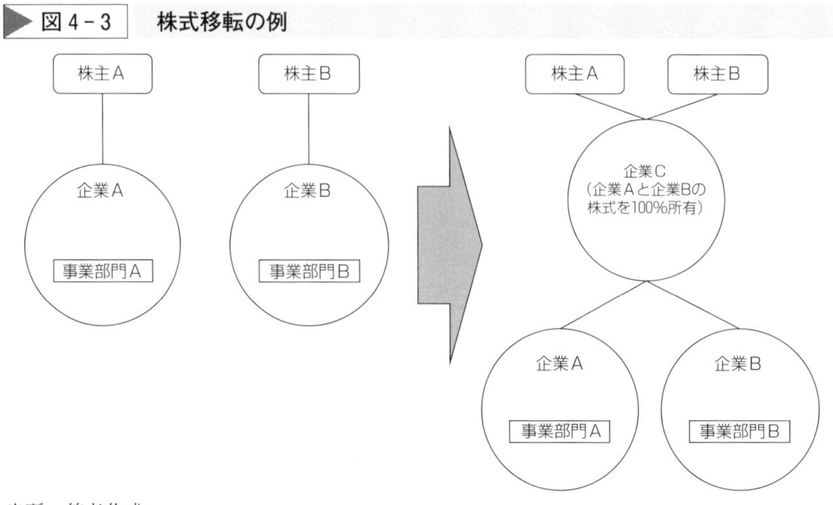

出所：筆者作成。

基づく親子関係を構築することが可能となる。さらに，株式移転は新たに企業を設立し，複数の企業が共同で株式移転を実施することも可能であり，経営統合の際に用いられる。また，株式交換と株式移転は，検査役による検査が不要であったり，課税が生じないように税務上の特例措置が講じられたりしているというメリットがある。

3.2　メリットとデメリット

これまで，純粋持株会社にはどのようなメリットやデメリットがあるのかについて様々な主張がなされてきた。このうち，1企業が親会社を純粋持株会社とするケースにおけるメリットやデメリットについては，次のようにまとめられる[3]。ただし，これらの多くが純粋持株会社の解禁前後に主張されたもの，あるいは採用した企業側の理由であり，必ずしも理論的・実証的な裏づけがあるわけではない。さらに，事業部制やカンパニー制，分社化など他の方法によって得られるメリットも含まれており，純粋持株会社に固有のメリットとはいえないものも含まれている。

3　大坪（2020），76頁。

メリット	(1)　効率的資源（資金）配分[4] (2)　責任と権限の明確化[5] (3)　戦略と事業の分離[6] (4)　容易なM&A[7] (5)　容易な事業の売却・廃止[8] (6)　意思決定の迅速化[9] (7)　各事業の業績の明確化[10] (8)　柔軟な労働条件の創出[11]
デメリット	(1)　間接コストの増大[12] (2)　組織や役割の変更の困難[13] (3)　事業連携の困難[14]

メリットのうち，(1)から(7)までは相互に関連しており，いずれも事業再編と関連性を有すると考えられる。たとえば，(1)の効率的資源配分を純粋持株会社が行った結果，事業構成が変化し，事業再編をもたらすことが挙げられる。

このように，これまで主張されてきた純粋持株会社のメリットの多くが事業再編と関連しており，日本企業がこれらのメリットを企図して純粋持株会社を採用しているのであれば，採用前後において何らかの事業再編が生じると考えられる。言い換えれば，事業再編の必要性の低い企業，すなわち現在の事業部門の規模や割合を維持する企業はこれらのメリットを必要としておらず，このような企業が純粋持株会社を採用した場合には，メリットを享受できない一方で，デメリットにより企業経営上マイナスの効果をもたらす可能性がある。

4　大坪（2005），川村（2007），園田（2006）などを参照。
5　川村（2007），園田（2006）などを参照。
6　通産省産業政策局（1995），塘（2008）などを参照。
7　武藤（1997，2003）などを参照。
8　園田（2006）などを参照。
9　川村（2007），真木（2013）などを参照。
10　川村（2007）などを参照。
11　大坪（2005），塘（2008）などを参照。
12　真木（2013）などを参照。
13　足立 他（2010）などを参照。
14　足立 他（2010）などを参照。

4 純粋持株会社の利用状況

わが国において純粋持株会社の利用が可能になった1997年以降，上場していた親会社が純粋持株会社となる組織再編を行い，再編後も純粋持株会社が上場している金融業以外に属する企業についてみてみる。

表4－2は，純粋持株会社の採用年と採用方法を表している。解禁当初は営業譲渡を通じて純粋持株会社形態を採用していたものの，次第に会社分割のほうが多くなることがわかる。また，株式移転よりも会社分割のほうが件数が多

表4－2　純粋持株会社の採用年と採用方法

年	会社分割	株式移転	株式交換	営業譲渡	その他	合計
1999				2		2
2000		1		3		4
2001	3			3		6
2002	6	3				9
2003	14	2	3		2	21
2004	17	5		1	1	24
2005	25	4	1			30
2006	41	1	2		3	47
2007	31	3	1			35
2008	33	3			2	38
2009	19	4	1		1	25
2010	13	5			1	19
2011	20	6	1			27
2012	13	5				18
2013	11	8			1	20
2014	4	2				6
2015	25	3				28
2016	19	2	1			22
2017	35	4				39
2018	19	6				25
2019	15	3	1			19
合計	363	70	11	9	11	464

出所：四季報CD-ROM（2019年夏号），EOL，レコフM&Aデータベース，各社のホームページより筆者作成。

く，主として会社分割により親会社の事業を分社化し，それによって親会社が純粋持株会社となっている。同表より，450社超の日本の上場企業が親会社を純粋持株会社とする組織再編を行っていることがわかる。そして，解禁以降一貫して純粋持株会社を採用する企業が増加しており，採用企業数も増加傾向にある。なお，後述するように，この中には純粋持株会社採用後に再度事業持株会社となった企業や複数回にわたり純粋持株会社となった企業も含まれる。

図４－４は，純粋持株会社を採用した企業が属する業種を表している。サービス業が最も多く，次いで小売業，商社の順となっている。その他には陸運，精密機器，通信などの業種が含まれる。

表４－３は純粋持株会社を採用した企業が，その後どのように変化したのかを表している。純粋持株会社となる前に親会社が行っていた事業を再び吸収することにより事業持株会社となるケースが最も多い。反対に，割合は低いものの親会社が行っていなかった事業を吸収するケースも存在する。親会社がかつ

図４－４　純粋持株会社採用企業の業種

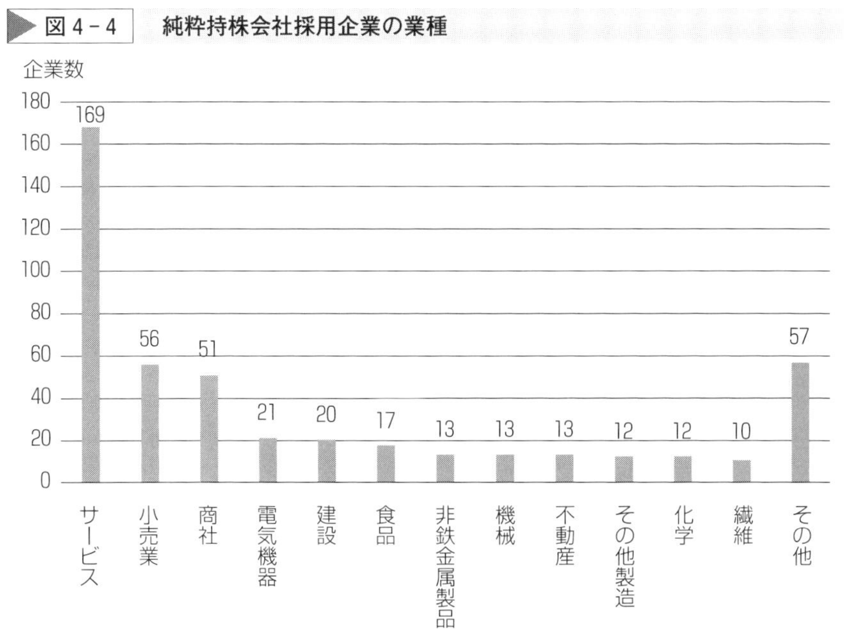

出所：四季報CD-ROM（2019年夏号），EOL，レコフM&Aデータベース，各社のホームページより筆者作成。

表4－3　純粋持株会社採用後における変化

	企業数	%	変化までの年数 平均値	 中央値
事業持株会社化（同じ事業を吸収）	37	8%	4.5	4.0
解散・廃業・破産・上場廃止	22	5%	4.8	4.0
他企業によるM&A	22	5%	3.9	3.5
MBO	15	3%	2.8	3.0
事業持株会社化（異なる事業を吸収）	6	1%	8.2	8.0
変化せず	362	78%		
合計	464	100%		

注：これらは，2020年８月末時点でのデータである。
出所：四季報CD-ROM（2019年夏号），EOL，レコフM&Aデータベース，各社のホームページより筆者作成。

て直接行っていた事業を再び吸収するケースにおいては，純粋持株会社の採用が不適切であった，あるいは当初見込まれた効果を十分に得ることができず，元の状態に戻した可能性がある。これらの変化はおおむね５年以内に生じる傾向にある。ただし，全体の78%は純粋持株会社の状態を維持しており，多くのケースにおいて安定的に純粋持株会社の状態が継続していることがわかる。

5　ビール会社の事例

5.1　3社の概要と純粋持株会社の採用

周知のように，日本の主要なビール会社はアサヒ，キリン，サッポロ，サントリーホールディングス（以下，サントリーとよぶ）の４社であり，これらの企業すべてが現在，親会社を純粋持株会社とする組織再編を行っている。ここでは，非上場企業であるサントリー以外の３社における純粋持株会社採用のケースについてみてみる。

表4－4　サッポロ，キリン，アサヒの歴史

年	サッポロ	キリン	アサヒ
1886	札幌麦酒が設立される		
1889			大阪麦酒が設立
1906	札幌麦酒，日本麦酒（エビスビール），大阪麦酒（現 アサヒ）が合併し，大日本麦酒となる		札幌麦酒，日本麦酒（エビスビール），大阪麦酒（現 アサヒ）が合併し，大日本麦酒となる
1907		麒麟麦酒が設立され，東証へ上場	
1928		清涼飲料水事業へ進出（キリンレモンを発売）	
1930			ビール酵母製剤エビオス錠発売
1949	過度経済力集中排除法の適用を受け，日本麦酒（現 サッポロ）と朝日麦酒（現 アサヒ）に分割され，東証へ上場		過度経済力集中排除法の適用を受け，日本麦酒（現 サッポロ）と朝日麦酒（現 アサヒ）に分割され，東証へ上場
1954			ニッカウヰスキーに資本参加
1963		自動販売サービス（現 キリンビバレッジ）を設立	
1964	日本麦酒をサッポロビールへ名称変更		
1972			三ツ矢ベンディング（現 アサヒ飲料）設立
1976		小岩井農牧と共同出資により，小岩井乳業を設立	
1987			スーパードライを発売 鳥居薬品の株式の過半数を米国製薬会社メルクから取得
1988	星和不動産管理（現 サッポロ不動産開発）を設立		清涼飲料水事業を担うアサヒビール飲料（現 アサヒ飲料）設立
1989			アサヒビールへ名称変更
1991		第一・キリン薬品設立	
1992			アサヒビール食品（現 アサヒグループ食品）設立
1994	恵比寿ガーデンプレイス開業		アサヒビール薬品（現 アサヒグループ食品）設立
1995		キリンビバレッジが東証二部へ上場	
1996			3子会社が合併し，清涼飲料水事業を担うアサヒ飲料となる
1998			鳥井薬品の株式をJTへ売却
1999			アサヒ飲料が東証一部へ上場
2001		事業持株会社，カンパニー制の採用	ニッカウヰスキーを完全子会社化
2002			協和発酵と旭化成の酒類事業を取得し，協和発酵と共同出資でアサヒ協和酒類製造を設立
2003	純粋持株会社を採用し，サッポロホールディングスへ名称変更（サッポロビールを設立）		
2005			アサヒ協和酒類製造を完全子会社化 乳酸菌飲料製造会社エルビー（東京，名古屋）へ資本参加
2006		キリンビバレッジの完全子会社化 メルシャンをTOBにより連結子会社化	和光堂の株式の過半数をTOBにより取得
2007		純粋持株会社を採用し，キリンホールディングスへ名称を変更（キリンビール，キリンファーマ，キリンビジネスエキスパート設立），協和発酵に資本参加	和光堂を完全子会社化
2008		協和発酵の株式の50.1%を取得 バイオケミカル事業を分離し，協和発酵バイオを設立	アサヒ飲料を完全子会社化 天野実業の株式の80%を経営陣と従業員持株会から取得
2010		メルシャンの完全子会社化	
2011	ポッカコーポレーションを子会社化		純粋持株会社を採用し，アサヒグループホールディングスへ名称変更（アサヒビールを設立）

2012			カルピスの株式を取得
2013			カルピスの国内飲料事業および営業部門をアサヒ飲料へ移管
2014	ポッカコーポレーションとサッポロ飲料が合併し，ポッカサッポロフード&ビバレッジとなる		アサヒビールによるなだ万の株式取得
2015			アサヒフードアンドヘルスケア，和光堂，天野実業が合併し，アサヒグループ食品となる
2016			カルピスの一部事業をアサヒカルピスウェルネスへ移管，カルピスとアサヒ飲料が合併，ビール事業を行うSABMillerの資産を取得
2017			エルビー株を売却

出所：各企業の有価証券報告書およびホームページをもとに筆者作成。

表4－4は，サッポロ，キリン，アサヒの沿革を表している。サッポロは1886年に設立されたのち，一時はアサヒと合併して大日本麦酒となるものの，第二次世界大戦後は分離し，名称をサッポロビールに変更している。その後，不動産事業，清涼飲料水事業などビール以外の事業へ進出する過程で，2003年に親会社を純粋持株会社とする組織再編を実施している。純粋持株会社の採用以降は，清涼飲料事業に従事していたポッカコーポレーションの子会社化，さらには同社とサッポロの完全子会社であったサッポロ飲料を合併させるなどの組織再編を行っている。

キリンは1907年に設立されたのち，早い段階から清涼飲料水事業，医薬品事業などに進出する。2001年には事業持株会社やカンパニー制の採用を公表[15]しつつ，関係会社の完全子会社化を積極的に進める過程で，2007年に親会社を純粋持株会社とする組織再編を実施している。再編の年，同社は協和発酵工業（以下，協和発酵とよぶ）と資本提携を行い，20%超の株式を取得する。その翌年，協和発酵はキリンの完全子会社であったキリンファーマと株式交換を行い，その後にキリンファーマを吸収合併した。この株式交換により，キリンの協和発酵に対する持株比率が50%超となり，協和発酵はキリンの子会社となると同時に名称を協和発酵工業から協和発酵キリンとした。その後は，キリンの上場子会社として現在に至っている。

アサヒは1889年に設立されたのち，前述のように戦前はサッポロと合併して

15　キリンは，事業持株会社の公表前においても子会社を有していた点で，そもそも事業持株会社であった。

いた時期があったものの，戦後は分離する。同社は早い段階からエビオス錠の製造・販売に乗り出したり，清涼飲料水事業に進出したりするなど，ビール以外の事業へ積極的に進出している。このような状況のなか，2011年にアサヒは親会社を純粋持株会社とする組織再編を実施している。その後は，カルピスやなだ万の子会社化や食品事業に属する子会社の再編，さらにはSABMillerの資産取得による海外でのビール事業の拡大を行っている。

これら３社の共通点は，早い段階からビール以外の事業，特に清涼飲料水事業へ進出している点であり，相違点としては清涼飲料水事業以外の多角化については異なっていることである。具体的には，サッポロが不動産事業，キリンは医薬品事業，アサヒは食料品事業と医薬品事業へとそれぞれ積極的に進出している。また，純粋持株会社採用の前後では，他企業の買収や完全子会社化，関係会社の再編を行っている点においても共通している。

表４－５は，純粋持株会社の採用方法と採用時に公表された動機を示している。いずれも会社分割制度を利用して純粋持株会社となっており，親会社がこれまで行っていた事業部門を分社化することで自らは純粋持株会社となっている。また，純粋持株会社採用時に企業側が公表した動機としては，おおむね多角化を進める，言い換えれば非ビール事業を積極的に拡大する過程のなかで純粋持株会社を採用している。たとえば，サッポロでは酒類事業，飲料事業，不

表４－５　純粋持株会社の採用方法と採用時の動機

	採用方法	動　機
サッポロ	会社分割により酒類事業をサッポロビールへ移転し，残りの事業を既存の子会社へ	４つ（酒類事業，飲料事業，不動産事業，外食事業）の『事業会社』を中核として事業展開を行う新しい組織体制に再編成
キリン	会社分割により酒類事業，医薬品事業，間接業務事業をそれぞれキリンビール，キリンファーマ，キリンビジネスエキスパートへ移転	成長分野への大胆な資源配分，グループ内のシナジー拡大，各事業の自主性・機動性の向上などの実現を目指し，純粋持株会社へ
アサヒ	会社分割により酒類事業をアサヒビールへ移転	グループ内で酒類事業以外の飲料・食品・国際事業の基盤が整ってきたことを踏まえ，変化する事業環境を先取りし，より一層，国内外の事業ネットワークを拡大するため

出所：各企業のホームページより，筆者作成。

動産事業，外食事業の4つの事業会社を中核として事業展開を行う新しい組織体制を構築するために純粋持株会社を採用している。これは，今まで主として親会社が行ってきた酒類事業から他の3つの事業へシフトしていくことを示唆している。このように，これら3社は純粋持株会社の採用と同時に非ビール事業の拡大を計画しており，多角化を進める過程で純粋持株会社を採用している。このことは，さきにみた純粋持株会社のメリットの事業再編とも整合的であり，これらの企業ではビール事業から他の事業へシフトするという再編が企図されていたと考えられる。

5.2 採用前後の変化

それでは，純粋持株会社の採用によって3社はどのように変化したのであろうか。**表4－6**は純粋持株会社採用前後の3社の変化を示している。総資産連

表4－6　純粋持株会社採用前後の変化

		－3期	－2期	－1期	＋1期	＋2期	＋3期
サッポロ	総資産連単倍率	1.052	1.047	1.033	1.435	1.471	1.602
	従業員連単倍率	2.141	2.155	2.131	179.923	45.216	44.291
	単独 投資他比率	0.077	0.110	0.108	0.840	0.739	0.837
	単独 負債比率	0.850	0.840	0.838	0.747	0.726	0.660
	連結 負債比率	0.857	0.847	0.844	0.861	0.847	0.802
キリン	総資産連単倍率	1.286	1.281	1.332	1.524	1.866	1.662
	従業員連単倍率	4.074	4.254	4.629	107.590	138.989	127.355
	単独 投資他比率	0.439	0.490	0.536	0.854	0.779	0.764
	単独 負債比率	0.467	0.466	0.434	0.447	0.469	0.454
	連結 負債比率	0.491	0.467	0.480	0.491	0.516	0.507
アサヒ	総資産連単倍率	1.238	1.240	1.277	1.408	1.727	1.864
	従業員連単倍率	4.405	4.656	4.673	59.219	64.129	65.697
	単独 投資他比率	0.288	0.372	0.384	0.891	0.526	0.559
	単独 負債比率	0.537	0.561	0.533	0.521	0.454	0.426
	連結 負債比率	0.588	0.597	0.564	0.579	0.580	0.538

注：「－1期」は純粋持株会社採用直前の決算期を示す。
総資産連単倍率=連結総資産額/単独総資産額
従業員連単倍率=連結従業員数/単独従業員数
単独投資他比率=単独投資その他の資産額/単独総資産額
単独負債比率=単独負債額/単独総資産額
連結負債比率=連結負債額/連結総資産額

単倍率（=連結総資産額/単独総資産額）に着目した場合，サッポロは－３期から－１期までは１前後であるのに対し，キリンとアサヒは1.2前後であることがわかる。これは，純粋持株会社の採用前においてサッポロはおおむね親会社が事業の大部分を担っていたのに対し，キリンとアサヒでは子会社が担う事業の割合が相対的に高かったことを示している。ただし，キリンとアサヒにおいても総資産連単倍率は1.2前後であり，サッポロよりは値が高いものの，親会社が担う事業の割合がかなり高かったことがわかる。一方，純粋持株会社の採用により，親会社は直接事業活動に従事しなくなるため，一般に総資産連単倍率は上昇する。これら３社についても，すべての企業において＋１期以降は総資産連単倍率が上昇している。

純粋持株会社の採用以降，子会社が事業を担うことをより直接的に示しているのが従業員連単倍率（=連結従業員数/単独従業員数）と単独投資他比率（単独の投資その他の資産額/単独総資産額）である。親会社を純粋持株会社とする組織再編を実施した結果，親会社の従業員数が激減し，同時に子会社の従業員数が急増する。その結果，従業員連単倍率が急増することになる。３社すべてにおいて－１期から＋１期にかけて同比率が急激に上昇しているのはこのためである。また，組織再編の結果，親会社の主要な資産は子会社の株式になるため，投資その他の資産額の総資産に占める割合が高くなる。

これらの変化に対し，単独および連結の負債比率（=負債額/総資産額）については３社とも－１期から＋１期にかけてあまり変化がみられない。これは，純粋持株会社の採用が親会社の資産構成を大きく変化させるのに対し，直接的には親会社あるいはグループ全体の資本構成には影響を及ぼさないためである。

■事業構成

表４－７は，３社の2000年から2017年までの連結での事業構成の変化を示している。サッポロについては，純粋持株会社の採用前において酒類・飲料事業の割合が最も低く，多角化が進んでいたことがわかる。この理由は，その他事業の大部分を構成する不動産業の資産額が大きいことにある。同表からは明らかでないものの，サッポロのその他事業の大部分が不動産業から構成されており，その資産規模が大きいために同事業の割合も相対的に高くなっている。し

表4－7　事業構成の変化

単位：百万円

年	サッポロ				キリン				アサヒ			
	酒類・飲料事業		その他事業		酒類・飲料事業		その他事業		酒類・飲料事業		その他事業	
2000	415,027	55%	338,482	45%	964,253	76%	309,548	24%	977,447	88%	135,988	12%
2001	394,893	55%	323,455	45%	993,604	78%	288,247	22%	1,034,885	88%	144,641	12%
2002	374,570	55%	312,088	45%	1,136,566	78%	317,311	22%	1,017,990	85%	184,263	15%
2003	347,185	56%	278,282	44%	1,144,877	78%	316,877	22%	1,004,547	85%	182,470	15%
2004	323,544	60%	213,113	40%	1,112,520	76%	356,991	24%	1,020,601	87%	146,021	13%
2005	323,745	61%	207,283	39%	1,193,702	77%	352,178	23%	995,620	89%	123,471	11%
2006	367,480	64%	206,834	36%	1,221,635	73%	441,302	27%	993,203	85%	177,332	15%
2007	344,445	63%	202,357	37%	1,430,096	72%	561,743	28%	1,028,413	86%	165,458	14%
2008	325,053	63%	187,301	37%	1,683,156	69%	770,887	31%	1,007,965	86%	167,756	14%
2009	309,660	62%	189,573	38%	1,966,765	71%	793,817	29%	1,072,681	86%	169,382	14%
2010	291,527	60%	192,414	40%	1,724,768	68%	825,350	32%	1,311,247	93%	99,159	7%
2011	356,044	65%	192,669	35%	2,010,223	70%	876,288	30%	1,343,956	93%	103,555	7%
2012	360,264	61%	227,707	39%	2,112,668	73%	772,233	27%	1,520,006	93%	105,747	7%
2013	370,231	61%	235,331	39%	2,192,459	75%	750,217	25%	1,583,862	94%	107,388	6%
2014	380,824	62%	233,771	38%	2,239,404	75%	761,107	25%	1,723,092	94%	109,882	6%
2015	387,540	63%	225,708	37%	1,746,365	69%	772,279	31%	1,653,550	94%	111,627	6%
2016	381,212	62%	234,925	38%	1,834,651	71%	741,666	29%	1,971,950	94%	115,385	6%
2017	390,845	62%	234,814	38%	1,719,024	69%	761,640	31%	3,195,430	96%	117,169	4%

注：表内の線は，純粋持株会社の採用前後を示す。
出所：各企業の有価証券報告書に記載された事業別セグメントの資産をもとに筆者作成。

かしながら，純粋持株会社の採用以降はその他事業の事業規模と割合を縮小させている。その他の縮小は，おおむね不動産業および外食業の縮小によるものである。

一方，キリンは全体として緩やかに事業規模を拡大させつつ，その他事業の割合を高めている。キリンのその他事業で大きな割合を占めているのが医薬品事業であり，同事業を拡大させたことがその他事業拡大の主な要因である。**表4－4**でみたように，キリンは2008年に協和発酵の株式の過半数を取得したことなどにより医薬品事業を拡大させた。

最後に，アサヒは酒類・飲料事業の割合が当初から80%超と高く，純粋持株会社採用後はさらにその割合を高めている点で他の２社と異なっている。同社が酒類・飲料事業の割合を高めているのは同事業の規模を拡大させているのと同時にその他事業の規模を縮小させているためである。酒類・飲料事業を拡大させている要因として，同表からは明らかではないものの，海外で酒類・飲料事業を拡大させている点が挙げられる。**表4－4**において2016年にSABMillerの資産を取得したことからもわかるように積極的に海外でビール事業を拡大させたことが同事業の規模と割合を増加させた。

表４－５より，３社では純粋持株会社の採用と同時に非ビール事業の拡大を計画しており，多角化を進める過程で純粋持株会社が採用されていること，純粋持株会社採用のメリットの多くが事業再編に関連することから，３社は多角化を志向している，すなわち非ビール事業へ積極的に進出しようとし，そのために純粋持株会社を採用すると考えられた。しかしながら，**表４－７**より，キリン以外の２社については多角化が進んでいない，あるいはビール事業の割合が反対に高まっていることがわかる。

■M&Aの件数

表４－４より３社が時折M&Aを行っており，そのことが**表４－７**の事業構成を変化させた一因となっていると考えられる。**表４－８**は３社の2000年から

表４－８　M&Aおよび事業売却件数の推移

年	サッポロ		キリン		アサヒ	
	M&A	売却	M&A	売却	M&A	売却
2000						
2001			1			
2002				1	1	1
2003						
2004						
2005		1		3	2	
2006	1		1		1	1
2007			3	1		
2008			1	2	1	1
2009	1			1		
2010				3	1	2
2011	1		3	1	1	
2012	1					
2013				4		1
2014		1	1	3	1	
2015			1		1	
2016	1	1		2		
2017	1			2		1
合計	6	3	11	23	9	7

注：表内の線は，純粋持株会社の採用前後を示す。
出所：レコフM&Aデータベースより，筆者作成。

2017年までのM&Aと事業売却数の推移を示している。

純粋持株会社のメリットの1つとして容易なM&Aが挙げられるが，アサヒ以外の2社は純粋持株会社の採用以前と比べて採用以降のほうがM&Aあるいは売却の件数が増加していることがわかる。ただし，2000年から2017年までの期間で純粋持株会社採用以前と以降の期間が企業ごとに異なっているため，採用前後における企業間の違いは厳密には明らかではない。企業間の違いとしては，キリンのM&Aおよび売却の件数が多いことがわかる。**表4－4**からは明らかでなかったものの，M&Aだけでなく事業売却の件数も多く，同社が積極的に事業再編を実施していることがうかがえる。

5.3 収益性

■各事業の収益性

表4－9は各事業の収益性を表している。サッポロについては酒類・飲料事業と比較してその他事業のほうが高収益であることがわかる。特に，売上高利益率（=営業利益/売上高×100）については，どの時期においても高い収益性を示している。前述のように，同社のその他事業の大部分が不動産事業であり，この高い収益性は不動産事業から生み出されている。一方，サッポロの酒類・飲料事業についてはキリンやアサヒと比較しても極めて低収益である。

次に，キリンについては，酒類・飲料事業と比較してその他事業の収益性が同程度かあるいは若干低いものの，次第に改善傾向にあり，特に，売上高利益率については，純粋持株会社の採用以降は酒類・飲料事業を完全に上回っている。前述のように，キリンにおけるその他事業の大部分が医薬品事業であることから，協和発酵などの買収の効果であると考えられる。

最後に，アサヒについては他の2社と比較して酒類・飲料事業の収益性が高いという点に特徴がある。同社の酒類・飲料事業は多くの年において同社のその他事業と比較しても他の2社と比較しても高収益となっている。ただし，2015年以降については，その他事業の両利益率が改善している。

同表からは明らかでないものの，この利益率の改善は同社の食品事業の収益性が改善したためである。同事業は2015年から2016年にかけて売上を64%改善しているが，これは「主力ブランドが好調に推移したことや，原材料を中心と

表4－9　各事業の収益性

年	サッポロ				キリン				アサヒ			
	資産利益率		売上高利益率		資産利益率		売上高利益率		資産利益率		売上高利益率	
	酒類・飲料事業	その他事業	酒類・飲料事業	その他事業	酒類・飲料事業	その他事業	酒類・飲料事業	その他事業	酒類・飲料事業	その他事業	酒類・飲料事業	その他事業
2000	2.96	2.46	2.49	10.36	8.58	5.47	5.77	6.65	9.08	1.44	6.57	3.52
2001	3.48	3.03	2.83	12.34	6.40	5.50	4.49	5.65	8.81	0.70	6.56	1.91
2002	2.02	2.37	1.71	9.78	6.87	4.70	5.51	5.33	6.39	2.10	5.07	1.94
2003	1.07	4.36	0.90	15.73	7.56	5.69	6.14	6.34	7.48	1.95	5.75	1.70
2004	5.96	2.79	4.39	9.03	8.31	5.60	6.47	6.03	9.70	1.60	7.33	1.11
2005	1.81	3.02	1.43	12.31	7.96	5.30	6.77	5.38	8.71	2.72	6.48	1.69
2006	1.02	3.32	0.96	13.07	8.43	3.54	7.06	4.84	8.65	1.48	6.45	1.21
2007	2.04	3.82	1.74	13.87	8.01	3.09	7.00	7.70	8.16	1.85	6.23	1.46
2008	2.72	4.36	2.40	14.74	6.92	6.03	6.00	10.58	9.07	1.76	6.83	1.44
2009	2.74	3.88	2.48	13.72	5.59	4.81	5.86	7.98	7.42	2.14	5.95	1.70
2010	3.54	4.22	3.00	15.34	5.72	6.88	5.70	10.57	6.90	4.78	6.46	2.87
2011	3.76	4.22	3.27	16.39	4.42	6.36	5.29	11.74	8.15	4.75	8.01	2.88
2012	2.17	4.18	1.74	18.20	4.57	7.68	5.42	13.67	7.68	4.04	7.91	2.40
2013	2.60	3.97	2.11	11.92	4.23	7.74	4.95	14.48	7.87	5.16	7.75	2.92
2014	2.76	3.49	2.24	10.74	3.55	5.51	4.28	11.68	7.95	5.70	8.18	3.20
2015	2.38	3.90	1.91	11.54	4.65	6.56	4.46	12.97	6.46	8.20	6.79	4.39
2016	3.66	4.64	2.87	13.32	7.32	7.37	8.94	14.69	7.30	11.58	9.05	6.27
2017	2.84	4.96	2.27	13.11	8.06	8.28	9.21	16.94	6.03	10.99	9.81	5.85

注：資産利益率=営業利益/資産額×100
　　売上高利益率=営業利益/売上高×100
　　表内の線は，純粋持株会社の採用前後を示す。
出所：事業区分は，各企業の有価証券報告書に記載された事業別セグメントの情報をもとに筆者作成。

した製造原価の低減など」のためであるとされる[16]。ただし，前述の事業構成の変化からわかるように，2015年以降のアサヒは他の2社と比較して酒類・飲料事業の割合が9割を超えており，その他事業の事業規模が極めて小さい。そのため，その他事業の収益性が改善したとしても，アサヒ全体の収益性に与える影響は極めて限定的であると思われる。

■全体の収益性

図4－5は，3社の総資産営業利益率（=営業利益/総資産額×100）の推移を示している。サッポロの収益性が低いのは，ビール事業が低収益であるためであり，反対にアサヒの収益性が高いのはビール事業が高収益であるためである。一方，キリンとアサヒを比較した場合，おおむねアサヒのほうが高収益で

16　アサヒグループホールディングスの有価証券報告書，2016年，38頁。

図4－5　総資産営業利益率の推移

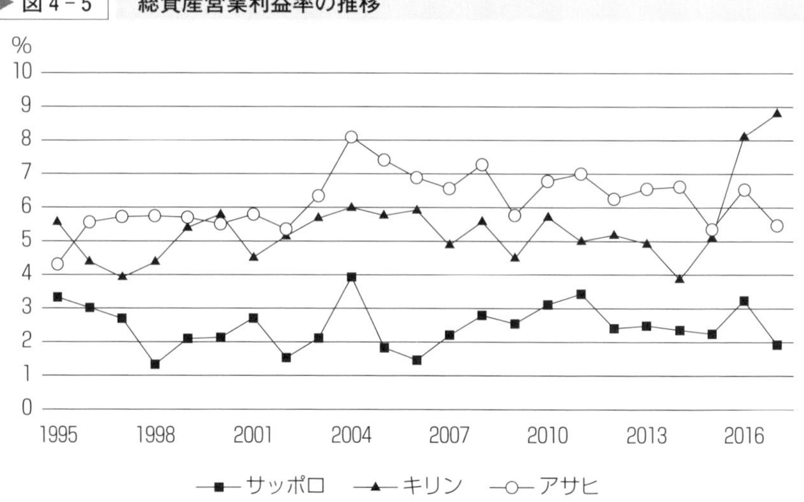

あることがわかる。これは，アサヒのビール事業の収益性が高く，その事業割合も高いためである。また，**表4－9**において，キリンのその他事業の収益性は改善しているものの，**図4－5**の同社の総資産営業利益率は必ずしも改善してはいない。これは，同社ではその他事業の収益性の改善と同時に酒類・飲料事業の収益性が低下し，結果として全体の収益性は改善されず，横ばいとなったためである。

なお，キリンの2016年と2017年の総資産営業利益率が上昇しているが，これは同社が2016年からIFRS適用へ移行したことが主な原因であり，必ずしも同社の経営状態が変化したことによるものではない。

■小　　括

これまでみてきた結果をまとめると次のようになる。純粋持株会社のメリットや3社の純粋持株会社採用時に公表された動機からは，純粋持株会社の採用以降，3社は非ビール事業の拡大を通じて多角化を進めることが予期された。このような多角化が当該企業の経営改善に寄与するためには，非ビール事業の収益性が高い必要がある。

サッポロでは，非ビール事業の収益性が高いにもかかわらず，非ビール事業の事業規模拡大は純粋持株会社採用以降も実施されておらず，反対に縮小されている。一方，キリンは非ビール事業の収益性を改善させると同時にその規模も拡大させた点において，純粋持株会社の採用を通じて多角化を進め，そのことによって収益性を改善させていると考えられる。ただし，同社では純粋持株会社採用以降にビール事業の収益性が低下したため，企業全体として収益性が改善しているわけではない。最後に，アサヒについてはビール事業の収益性がもともと高く，純粋持株会社の採用前後において非ビール事業の事業規模拡大を実施しているわけでもない。その結果，純粋持株会社の採用を通じて多角化を進めてはおらず，当初の動機を実施するには至っていないといえる。

このように，3社における純粋持株会社採用のケースについてはキリンのみ当初の動機に基づく経営を行い，その成果が実際に生じていることがわかる。これに対し，サッポロは相対的に高収益である非ビール事業を拡大，すなわち多角化を進めるべきであるにもかかわらず，純粋持株会社の採用以降も進めてはいない。その結果，同社では純粋持株会社を採用しても，その成果は見込めないと評価できる。さらに，アサヒについてはビール事業の収益性が高い一方で，非ビール事業の収益性が低く，非ビール事業を拡大させる経済的動機が乏しく，実際に純粋持株会社の採用以降も非ビール事業を拡大させていない。したがって，同社も純粋持株会社の採用から何らかの成果を得ることができないと評価できる。

5.4　株価の反応

最後に，純粋持株会社採用の公表時における株式市場の反応についてみてみる[17]。純粋持株会社の採用を通じて3社の株主価値が高まると株式市場が評価するのであれば，株価が上昇することが予期される。**図4-6**は，3社における純粋持株会社の採用を公表した日を0日とする株価の反応を示している。0日前後においてキリンの株価が上昇しているのに対し，サッポロとアサヒはほとんど反応していないことがわかる。この結果は，株式市場はキリンの純粋持株会社の採用をプラスに評価したのに対し，サッポロとアサヒは評価しないこ

17　株価の反応の測定方法については［補論2］を参照。

図４－６　純粋持株会社採用公表時の株価の反応

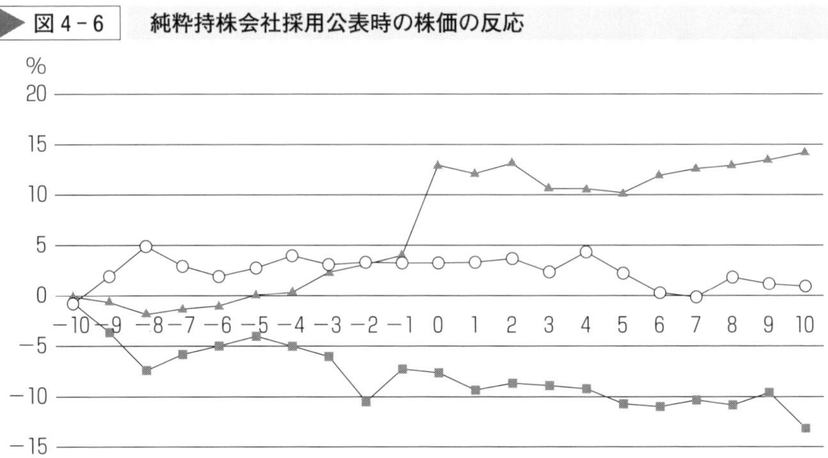

とを示している。これは，純粋持株会社を採用すればすべての企業がプラスに評価されるわけではなく，どのような状況のもとで採用されるのかによって評価が異なることを示している。

前述のように，キリンのみ当初の動機に基づく経営，すなわち非ビール事業の拡大を行い，その成果が実際に生じているのに対し，サッポロでは非ビール事業の拡大が実施されていない，アサヒは非ビール事業を拡大させる経済的動機が乏しいという点で両企業が純粋持株会社を採用してもその効果を得ることが難しいと評価できた。その結果，株式市場の反応もキリンとそれ以外の２社では異なっていたと考えられる。

表４－４でみたように，キリンは2001年に事業持株会社とカンパニー制[18]を採用している。具体的には，「2001年をメドにキリン本社を事業持ち株会社とし，ビール以外の医薬，アグリバイオ，外食などの事業部には社内カンパニー制を導入。事業ごとの独立採算性を高め，収益管理を強化する」としている[19]。

18　カンパニー制については，大坪（2005）を参照。

19　日本経済新聞，1999年９月11日。

2001年以前においてもキリンは子会社を有していた点でもともと事業持株会社であった。それにもかかわらず事業持株会社を採用することをあえて表明したのは，各子会社の独立採算性が高まる，すなわちより分権化することを表明するためであったと思われる。また，カンパニー制とはソニーが1994年に最初に採用した組織形態であり，その後は多くの日本企業によって採用されている。カンパニー制の採用が意味するのは，各事業部門の独立採算性の強化であり，先の事業持株会社の採用と同様の目的であったと思われる。

キリンにおける事業持株会社やカンパニー制の採用が各事業部門や各子会社の独立採算性の強化にあるとすれば，その機能は純粋持株会社と類似している可能性がある。なぜなら，各子会社や親会社内の事業部門の独立採算性を高め，経営者が業績や将来性に応じた資源配分を行うという点で，純粋持株会社のメリットでみた事業再編と同様の機能が果たせると考えられるためである。すなわち，事業持株会社やカンパニー制と純粋持株会社の機能は代替的な関係にある可能性がある。もし代替的な関係にあるのであれば，事業持株会社やカンパニー制の採用に際しても，キリンの純粋持株会社の場合と同様に株式市場はプラスに評価することが予期される。

図４－７は，キリンにおける事業持株会社およびカンパニー制の採用を表明

図４－７　キリンにおける事業持株会社・カンパニー制の採用公表時の株価の反応

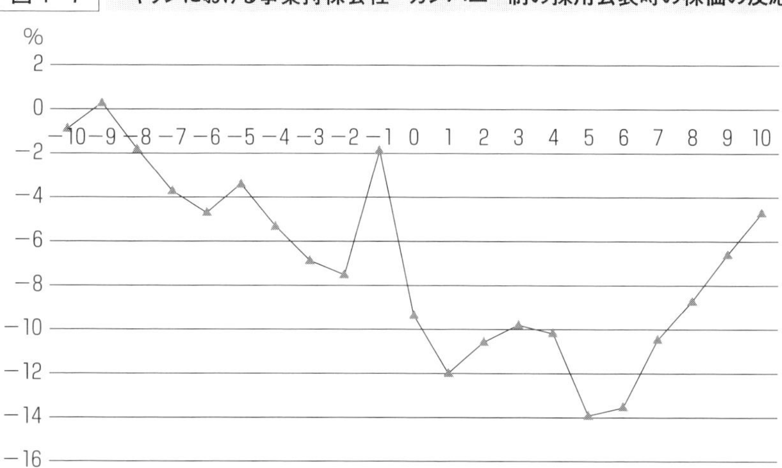

した日を0日とした場合の株式市場の反応を示している。なお，キリンでは同じ日に事業持株会社とカンパニー制両方の採用を表明している。－1日において大きくプラスに反応しているものの，その後はマイナスとなっており，期間全体としてもおおむねマイナスとなっている。この結果は**図4－6**のキリンの結果とは大きく異なっており，事業持株会社やカンパニー制と純粋持株会社の機能は代替的な関係にはない，すなわち純粋持株会社は事業持株会社やカンパニー制とは異なる機能を有することを示唆している。

6　おわりに

ここでは，1997年以降に利用可能となった純粋持株会社の機能についてみてきた。親会社が純粋持株会社となる場合，親会社と子会社から構成される企業グループの頂点が純粋持株会社となる場合が多い。この企業グループを一組織と考えた場合，親会社が純粋持株会社となることは，新たな組織形態を採用することを意味する。純粋持株会社の解禁前後において主張されてきた純粋持株会社のメリットの多くが事業再編と関連しており，純粋持株会社の採用を通じて事業再編が行われる，すなわち事業再編の必要性の高い企業が純粋持株会社を採用し，事業再編を実施することを通じて企業価値の向上を図っていると考えられた。

そこで，ここでは純粋持株会社を採用したビール会社3社を取り上げ，これらの企業がどのような状況，あるいはどのような意図で純粋持株会社を採用したのか，採用の結果，事業構造あるいはパフォーマンスがどのように変化したのかについてみてきた。その結果，次の4点が明らかとなった。

第一に，ビール事業を主たる事業としつつ純粋持株会社を採用した3社であるものの，非ビール事業の状況が著しく異なる点である。サッポロはビール以外の事業として不動産事業を行っており，同事業は同社のビール事業と比較して高収益であった。これに対し，キリンはビール以外の事業として医薬品事業を行っており，同事業の収益性はビール事業とおおむね同等であった。最後に，アサヒはビール以外の事業として食品・医薬品事業を行っていたものの，ビール事業と比較してかなり低収益であった。

第二に，純粋持株会社の採用に際し，３社すべてが非ビール事業の事業拡大を企図していた点である。このことは，先にみた純粋持株会社の事業再編のメリットとも整合的であり，これらの企業ではビール事業から他の事業へシフトするという再編が企図されていたと考えられる。

第三に，純粋持株会社の採用以降，事業構造の変化という点で３社はそれぞれ異なる対応を行っていた点である。サッポロは相対的に高収益であった非ビール事業を拡大させるべきであったにもかかわらず，実際には縮小させている。一方，アサヒはビール事業と比較して低収益であった非ビール事業を縮小させた点で経営上合理的であったものの，当初企図されていた非ビール事業の拡大は実施していない，すなわち事業再編は実施されていない。最後に，キリンは純粋持株会社の採用以降，非ビール事業を拡大させ，同時にその収益性も改善させている。キリンの場合，非ビール事業である医薬品事業を拡大させ，そのことが収益性の改善にもつながったのである。

第四に，これら３社の純粋持株会社の採用に際し，株式市場の反応がそれぞれ異なっていた点である。サッポロとアサヒでは株式市場はプラスに反応しなかったのに対し，キリンでは大きくプラスに反応した。これは，キリンが純粋持株会社の採用以降，非ビール事業部門を拡大させ，同時に同事業の収益性も改善させたことと整合的である。このことは，純粋持株会社の採用がただちに企業価値を高めるのではなく，どのような状況のもとで採用し，採用後はどのように事業構造を変化させるのかが重要であることを示唆している。

[補論２]

リストラクチャリングなどのイベントが当該企業のパフォーマンスにプラスあるいはマイナスの効果をもたらすのかどうかを検証する方法の１つとして，当該企業の株価の変化を測定することが挙げられる。これは，イベント・スタディ・アプローチとよばれ，あるイベントが当該企業の株価を上昇させるのであれば，パフォーマンスにプラスの効果が，反対に株価を下落させるのであればマイナスの効果があると判断する。ただし，一般に株価の変化は当該企業のイベントのみから生じるわけではなく，株式市場全体の影響も受ける。前者は個別リスクとよばれるのに対し，後者は市場リスクとよばれる。その結果，あるイベントが当該企業の株価に与える影響を測定しようとした場合，株式市場全体の変化から受ける影響を除去する必要がある。

具体的には，t 期の株価の変化を株価収益率 r_t として次のように計算される。なお，t 期の株価と1株当たりの配当額はそれぞれ P_t と D_t である。

$$r_t = \frac{(P_t - P_{t-1}) + D_t}{P_{t-1}}$$

そのうえで，株式市場全体の変化の影響を除去することにより，t 期の残差リターン（AR_t：Abnormal Return）によりイベントに対する株式市場の反応を測定する。なお，e_t は t 期における期待リターンである。

$$AR_t = r_t - e_t$$

さらに，日次の株価の反応を測定する場合，ある期間の AR の合計を累積残差リターン（CAR：Cumulative Abnormal Return）として算出する場合が多い。ここでは，f 日から e 日までの AR の合計の CAR を示している。

$$CAR = \sum_{t=f}^{e} AR_t$$

本書では，株式市場全体の変化を示す期待リターンとして市場モデルなどではなく，t 日におけるTOPIXの収益率を用いている。また，株価の反応として CAR の結果を用いており，イベント公表日を0日とした場合，−10日から+10日までの期間を用いている。

第5章

共同出資会社を利用した事業分離

エルピーダメモリの事例

1　本章のねらい

企業が，他企業と共同で新会社を設立し，事業活動を行うことは共同出資（Joint venture，JV）とよばれ，その新会社は共同出資会社とよばれる。また，外国において現地企業と共同出資により設立された新会社は，特に合弁会社とよばれる場合もある。JVは，他企業と協働して事業活動を行う点で企業間における提携（Alliance）の一種である。共同出資会社は，長期にわたり存続する場合もあれば，一定期間存続してその役割を果たしたのち，あるいは当初予定していた役割を果たすことができないために消滅する場合もある。

一方，事業分離とは，企業が事業の一部を切り離すことを意味しており，事業分離を実施した企業の事業規模は縮小する。企業が事業規模を縮小させる目的は，事業規模の適正化や脱多角化など様々であり，事業分離の手法もセル・オフやスピン・オフなど多様である。企業が事業規模を短期間のうちに拡大させる手段がM&Aであるとすれば，事業分離はその反対の手段，すなわち短期間のうちに事業規模を縮小させる手段として位置づけられる。

第1章の**図1－1**でみたように，共同出資と事業分離は本来異なる経営手法であるものの，一部の日本企業は事業分離の一手段として共同出資を利用してきた。本章では，共同出資を含む資本提携および事業分離の様々な種類についてみてみる。さらに，事業分離の一手段としての共同出資の利用方法について明らかにする。そのうえで，共同出資を通じた事業分離の事例として日立製作所（以下，日立とよぶ）と日本電気（以下，NECとよぶ）の共同出資によって設立されたエルピーダメモリ（以下，エルピーダとよぶ）のケースについてみてみる。

2 提　携

2.1 提携の種類

提携とは，複数の企業が独立性を維持しつつ生産や販売などにおいて経営資源を共有すること，言い換えれば協働することである[1]。これは，資本関係を伴わない業務提携（Non-equity alliance）と資本関係を伴う資本提携（Equity alliance）に大別される。ここでの資本関係とは，株式の所有・被所有という関係のことであり，ある企業が他企業の株式を所有するような関係を意味する。資本提携における持株比率について，はっきりとした定義はないものの，少なくとも50%以下である必要がある。なぜなら，企業が他企業の株式の50%超を所有する場合には，被所有企業の支配権を得ており，独立性を維持しているとはいえないからである。

業務提携は株式の所有・被所有を伴わない企業間関係のことであり，契約やライセンシング[2]などが挙げられる[3]。具体的には，ある製品を製造している企業と一定期間，あらかじめ定められた条件で製品を購入する契約を結ぶことなどが挙げられる。業務提携を伴わない株式所有は取得企業による単なる株式投資，あるいは段階的に株式を取得して最終的にはM&Aを行うためのプロセスに過ぎず，独立した企業間における協働，すなわち提携とはいえないであろう。

業務提携においても資本提携においても，提携を行う主たる動機の1つはシナジー効果（相乗効果）である。これは，企業が単独で事業を行う場合と比較

1 Chan, Kensinger, Keown, and Martin (1997), p.199.
2 ライセンシングとは，特許権を有する企業が他企業にその権利を供与することを意味する。
3 Bierly III and Coombs (2004) を参照。

して，複数の企業が協働して事業を行ったほうが高い成果が得られることを意味する。たとえば，ビール会社とスーパーが提携してソフトドリンク事業を新たに始めることなどが挙げられる。この場合，飲料品の製造に精通したビール会社とソフトドリンクの売れ筋に関する情報を蓄積しているスーパーが協働してソフトドリンク事業を行うことで，それぞれが単独でソフトドリンク事業を行うよりも高い成果が得られる可能性がある。

協働によるシナジー効果は資本提携の有無に関係なく生じるかもしれない。しかしながら，資本関係を伴わない場合と比べ，伴うほうが企業間の結びつきが強く，より高いシナジー効果が得られるかもしれない。一方，業務提携と比較して，少なくとも取得企業は資本提携により一定のコストを負担する必要がある。ここでは，資本提携の具体例として株式の一部取得（partial acquisition），株式持合（reciprocal holding），JVの３つについてみてみる。

2.2　資本提携

■株式の一部取得

企業が，他企業の株式の一部を取得するのが株式の一部取得である（**図５-１**参照）。したがって，株式を取得する企業（取得企業）と取得される企業（被取得企業）が存在し，これらの企業は取得・被取得という点で立場が異なる。また，ここでの「一部」がどの程度の株式取得を意味するのかについては，はっきりと決まっているわけではないものの，前述のように被取得企業の独立性が維持される必要があるため，少なくとも50%以下の株式取得である必要がある。

株式の一部取得の際，取得企業と被取得企業では取得にかかるコストが異な

図５-１　株式の一部取得の例

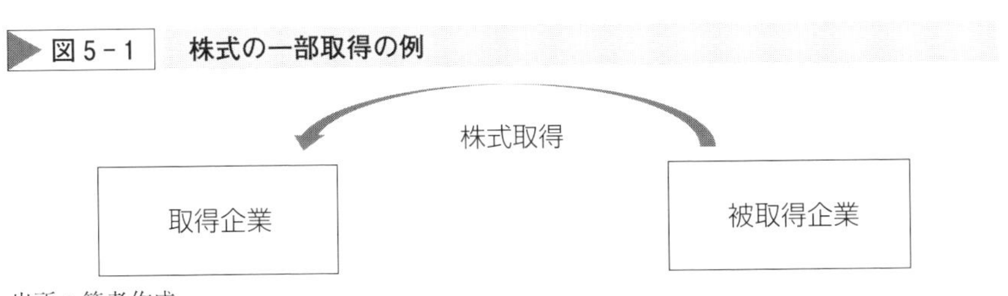

出所：筆者作成。

る。被取得企業の場合，自らの株式を取得されるのみであるのに対し，取得企業は株式を取得するための資金が必要であり，取得後も株式を資産として所有し続ける必要がある。その結果，資本提携から得られる便益が取得企業と被取得企業の間で同様であった場合においてもこのコストのために正味の便益が異なる可能性がある。

業務提携から得られる便益，すなわち協働からの便益以外に株式の取得方法の違いが被取得企業の経営やガバナンスに影響を及ぼす可能性がある。企業が他企業の株式の一部取得を行う主たる方法として，①株式市場を通じた取得，②相対取引による取得，③被取得企業の増資の引受けなどが考えられる。①の場合，取得企業は新たに大株主となる場合が多く，被取得企業のガバナンスに影響を及ぼす可能性がある。取得企業が大株主として被取得企業の経営に対するモニタリングを行う場合，被取得企業のガバナンスの改善に寄与する可能性がある。これに対し，②の場合，取得企業が特定の既存の大株主から株式を取得するのであれば，被取得企業にとって大株主が変更するのみであり，被取得企業のガバナンスに影響を及ぼさない可能性がある[4]。最後に，③は取得企業が新たに大株主となる点で①と同様であるものの，被取得企業が新たに資金を獲得する点で，①や②とは異なる。③の増資については第三者割当増資が行われる場合が多く，取得企業は株式の取得と引換えに被取得企業に資金を提供することになる。その結果，③については被取得企業にとって資金調達となり，その用途次第では被取得企業の経営改善が見込まれる。

■株式持合

株式持合は，複数の企業が互いに株式を所有すること（**図5－2**参照）であり，これまで三井や三菱の企業グループに代表される六大企業集団内の企業間で長期・広範囲にわたりみられた現象である。ここでの長期とは3－4年といった業務提携の期間のみの株式所有ではなく，業務提携の有無は定かでなくとも20-30年にわたって同一の企業間で株式持合が継続したということである。一方，広範囲とは2企業間の株式持合ではなく何十もの企業間で株式持合がみ

4　この場合，売却株主と取得企業が同等のモニタリング能力を有することが前提となる。

図５－２　**株式持合の例**

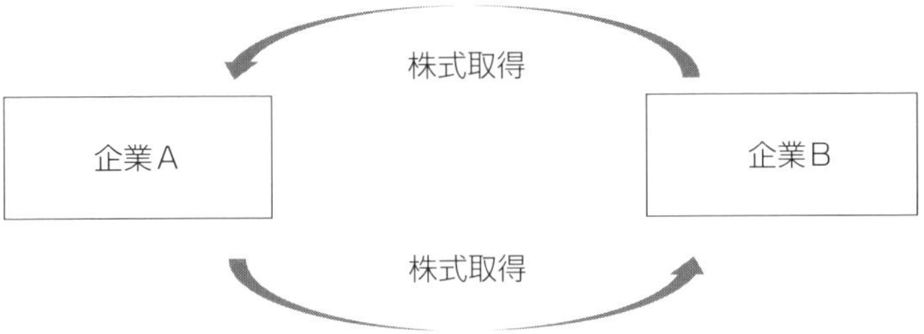

出所：筆者作成。

られたということである。長期・広範囲という点で株式持合は日本企業に固有の現象といえるかもしれないが，長期・広範囲でない株式持合については他国の企業においてもみられる。

株式持合においては，株式の一部取得でみられたようなガバナンスの改善は見込まれないと考えられる。なぜなら，お互いに株式を持ち合っているため，相互に相手企業のモニタリングを行って経営者自らが不都合な状態となるよりも，互いにモニタリングを行わないことのほうが経営者にとって都合がよいからである。その結果，株式持合では通常モニタリングが行われているとは考えられておらず，したがって，ガバナンスにはマイナスの影響を及ぼすと考えられる。

■共同出資

共同出資とは複数の企業が出資することを意味する（**図５－３**参照）。通常，複数の企業が共同で新たに企業を設立し，その企業へ出資する場合が多い。ただし，すでにある企業の完全子会社となっている企業に別の企業が出資することによって複数で当該子会社を所有する場合もあり得る。共同出資は，共同出資会社において事業活動が行われており，出資を行う企業が直接協働して事業活動を行うわけではない点において，株式の一部取得や株式持合いとは異なる。さらに，出資を行う際に事業部門などの現物出資を行うのであれば，出資企業にとって後述する事業分離をもたらす可能性がある。

図5－3　共同出資の例

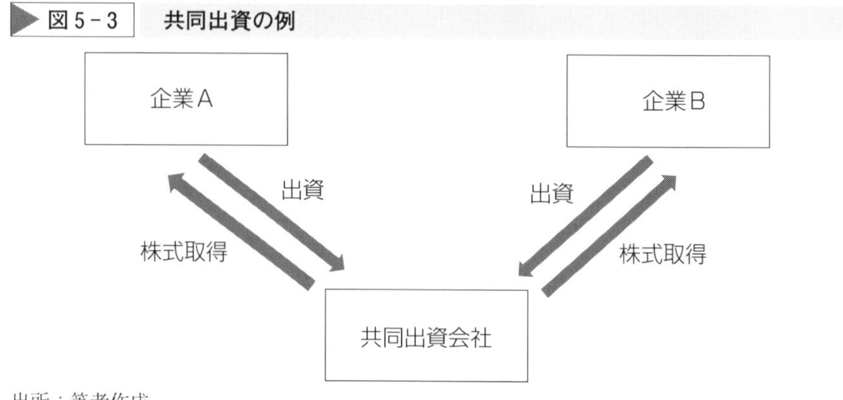

出所：筆者作成。

3　事業分離

3.1　事業分離の種類

事業分離とは，企業が事業の一部を分離させることを意味する。分離の対象となるのは，独立性の高い事業部門や子会社である場合が多く，当該企業にとって不要な事業であるために分離の対象となる。企業が事業部門や子会社を切り離す具体的な手法として，事業部門を他企業へ売却するセル・オフや傘下企業の株式の一部を売却（株式公開）する子会社上場など多様な方法がある。ここでは，これらの方法についてみていく[5]。

■セル・オフ（Sell off）

セル・オフとは，資産や事業部門の一部あるいは子会社を第三者へ売却することを意味する。不特定多数の投資家ではなく，特定の第三者へ売却される点で次にみる子会社上場とは異なる。セル・オフが当該企業の株主価値を向上させることに貢献するのか否かは売却価格に依存するため，売却相手である第三

5　本節の多くは，大坪（2011）による。

者との交渉が重要となる。売却企業にとって価値のない事業部門であるものの，購入企業にとっては価値のある事業部門であれば，相対的に高い価格での売却が可能であり，その場合には売却企業の株主価値を向上させることができる。

■子会社上場

子会社上場は，未上場であった子会社を株式市場へ上場させることを意味する（**図5－4**参照）。未上場の子会社の多くが親会社によって株式を100%所有されている，いわゆる完全子会社であることが多い。子会社を上場させる際，親会社が所有する子会社株式の売却あるいは子会社自身による株式の新規発行が行われるため，当該子会社に対する親会社の持株比率が低下する。子会社上場が事業分離として位置づけられているのは，この持株比率の低下のためである。ただし，上場後も親会社が過半数の株式を有する上場子会社の場合は親会社と完全に分離しているわけではない。**図5－4**の例では，子会社上場後も親会社である企業Aが株式を所有し続けている。子会社上場が親会社の株主価値を高めるためには株式市場への売却価格が高いこと，上場子会社が資本市場へ

図5－4　子会社上場の例

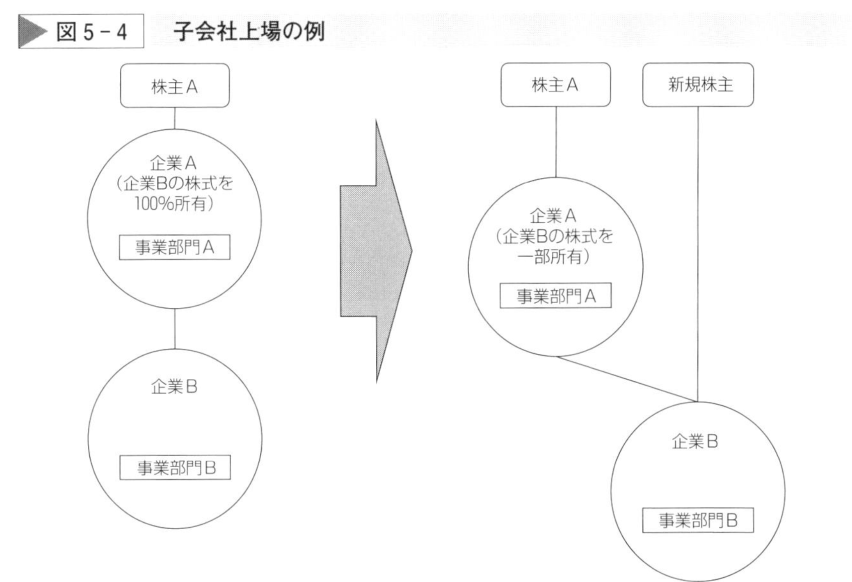

出所：筆者作成。

直接アクセスできることから生じるメリットなどが必要となる。なお，子会社上場については，第6章で説明する。

■スピン・オフ（Spin off）

スピン・オフとは，事業部門の一部を企業として独立させ，その株式を元の企業の株主に分配することである（**図5－5**参照）。その際，株主には元の企業の持株比率に応じて新設された企業の株式が無償で分配される。スピン・オフ直後においては，元の企業と新設された企業は共通の株主を有しているものの，企業間の資本関係が存在しない点で子会社上場とは異なる。ただし，株主にとって分配された新たな株式は株式市場で売却可能でなければ，すなわち**図5－5**の企業Bが上場していなければ株主にとって分配のメリットは著しく減少する。そのため，はじめに子会社上場を行い，その後に親会社が所有する上場子会社の株式をすべて既存の株主に分配することでスピン・オフを実施する場合が多い。

スピン・オフは，株主にとって元の企業の株式に加えて新設企業の株式を所有するようになるものの，理論的には株主が有する価値の合計に変化はない。

図5－5　スピン・オフの例

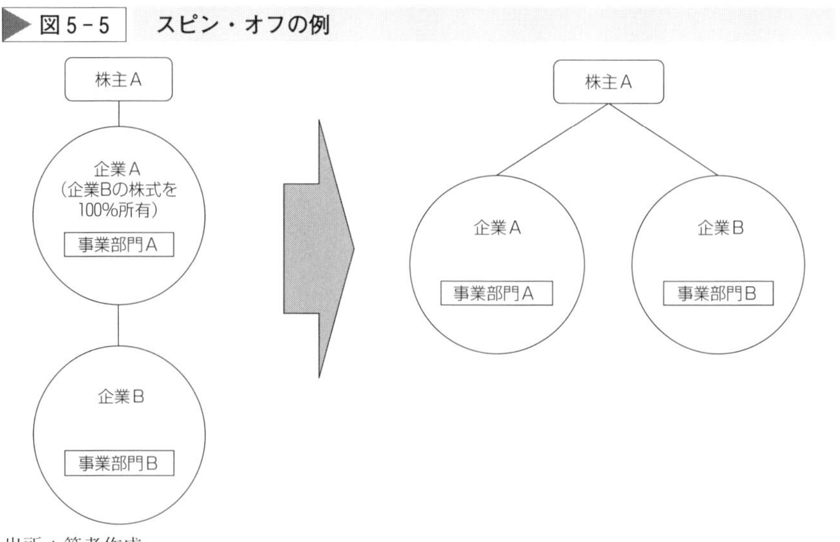

出所：筆者作成。

ただし，企業を分割させることによって価値が増大するような状況のもとでは，価値の合計は増加する。

■スプリット・オフ（split-offs）

スプリット・オフとは，親会社の一部の株主に対し，親会社株式と引換えに子会社株式を分配することを意味する（**図５－６**参照）。スプリット・オフではすべての株主が分配の対象とならない点，さらには親会社株式と引換えに子会社株式が分配される点においてスピン・オフとは異なる。また，スピン・オフと同様に分配された新たな株式が株式市場で売却可能でなければ，すなわち**図５－６**の企業Bが上場していなければ株主Bにとって分配のメリットは著しく減少する。

図５－６　スプリット・オフの例

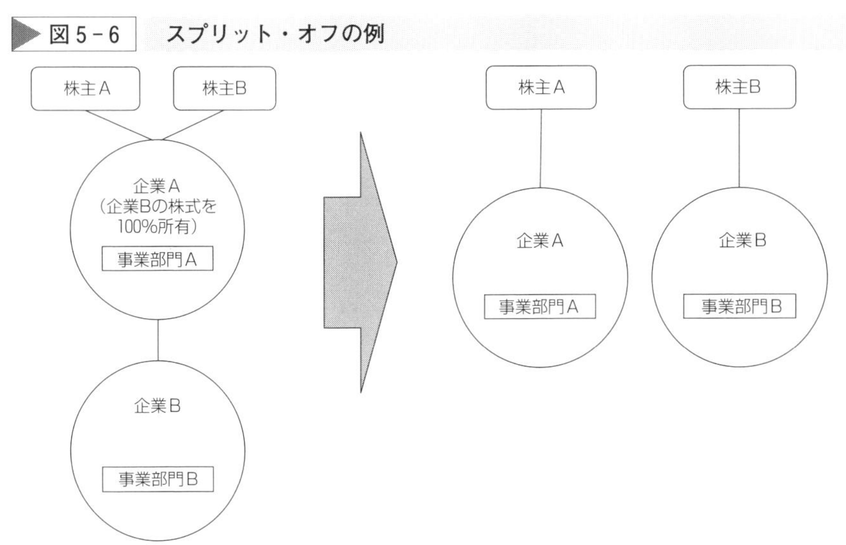

出所：大坪（2011）125頁。

■スプリット・アップ（split-ups）

スプリット・アップとは，**図５－７**に示されるようにすべての事業部門が新設される複数の企業へ分割・配分され，元の企業の株主に対し株式と引換えに

▶ 図5－7　スプリット・アップの例

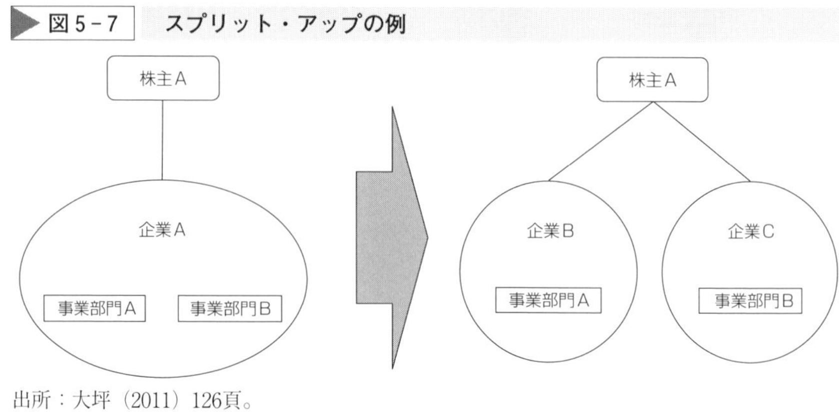

出所：大坪（2011）126頁。

新設企業の株式が分配されることを意味する。スプリット・アップの実施後においては，元の企業は消滅する。同図では，企業Aの事業が新設された企業Bと企業Cに配分される。実施後に元の企業が消滅する点でスプリット・オフやスピン・オフとは異なる。

これらの事業分離は，米国において1980年代のいわゆる第四次M&Aブームの時期に増加している。1960年代の第三次M&Aブームにおいて米国企業は積極的に多角化を実施したものの，そのことが米国企業のパフォーマンスを低下させた。そのため，1980年代の第四次M&Aブームにおいて本業と関連性の低い事業部門を対象とした事業分離を積極的に実施することで非効率な多角化経営を是正した。その結果，米国においては事業分離の実施が株主価値を増大させている。

3.2　会社分割制度

これまでみてきた事業分離の一部は，2000年の商法改正により会社分割制度のもとで容易に実施することが可能となっており，その後，この制度は2006年施行の会社法に引き継がれている。会社分割とは，会社のある事業の権利義務の全部または一部を包括的に承継させることであり，**表5－1**からもわかるように，会社分割は承継先を新設する新設分割（会社法２条29号）と既存の企業に承継させる吸収分割（会社法２条30号）に大別できる。

表５－１　会社分割

会社法第２条第29号

吸収分割	株式会社又は合同会社がその事業に関して有する権利義務の全部又は一部を分割後に他の会社に承継させることをいう

会社法第２条第30号

新設分割	一又は二以上の株式会社又は合同会社がその事業に関して有する権利義務の全部又は一部を分割により設立する会社に承継させることをいう

新設分割とは，新たに会社を設立し，そこへ事業部門を承継させることである。具体的には，複数の事業部門を有する企業が新たに企業を設立し，そこへ事業部門を移転させることが挙げられる。**図５－８**にあるように，新設分割は分社化の一手段[6]として用いられ，企業内の事業部門を子会社とする場合に用いられる。一方，**図５－９**にあるように吸収分割の場合，他企業が金銭を対価

図５－８　新設分割の例

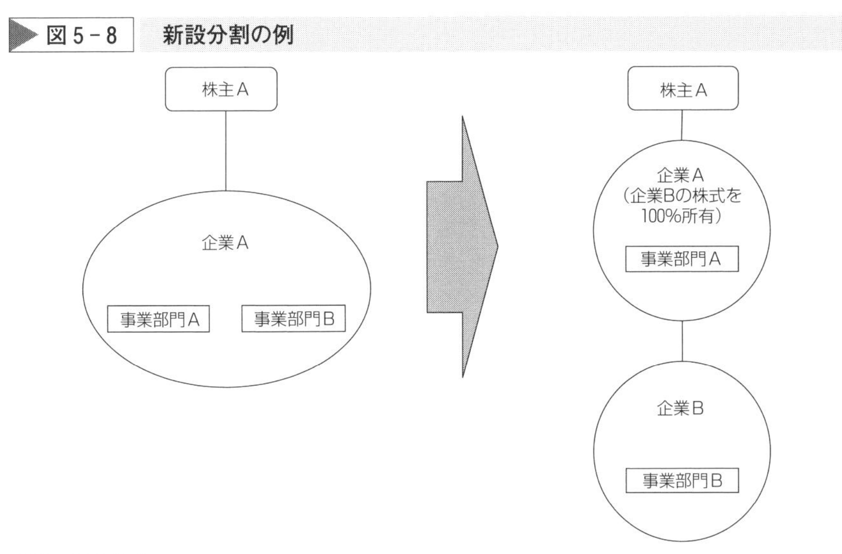

出所：筆者作成。

6　会社分割制度ができる前は，営業譲渡によって分社化が行われており，分社化そのものは会社分割制度前より実施されてきた。

図5－9　吸収分割の例

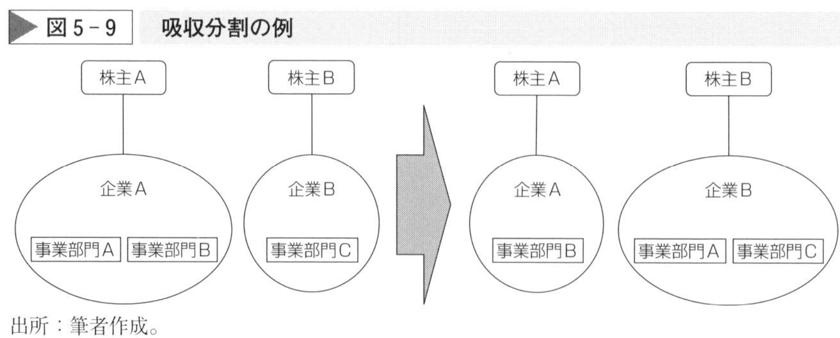

出所：筆者作成。

として事業部門を吸収するのであれば，分割する側の企業にとってはセル・オフとなる。

なお，2000年の商法改正の際には明示されていたものの，2006年の会社法で明示されなくなったものとして会社分割制度の「人的分割」が挙げられる[7]。**図5－8**や**図5－9**の会社分割では，事業を承継するのが企業であったのに対し，この「人的分割」では株主が事業を承継する。したがって，人的分割を用いることでスピン・オフを実施することが可能となる。人的分割については，江頭（2006）によれば，会社法のもとであっても実施可能であるとされる[8]。

3.3　共同出資による事業分離

これまでみてきたように，共同出資と事業分離は異なるものの，一部の日本企業は共同出資を用いた事業分離を実施してきた。具体的には，複数の企業が類似の事業部門を対象とした現物出資を行うことにより共同出資会社を設立する。設立当初は出資した複数の企業（以下，親会社[9]とよぶ）によって株式を閉鎖的に所有されているものの，親会社が株式を売却することによりその資本関係が減少・消滅する。その結果，親会社と共同出資会社は資本関係がなくな

7 「人的分割」に対応する表現として，**図5－8**や**図5－9**のようなケースを「物的分割」という。

8 堀内（2007），4頁。

9 共同出資会社の持株比率次第では，出資した企業は必ずしも一般的な親会社の定義には属さない可能性があるものの，ここでは便宜上，親会社とよぶ。

るという点で，出資した企業にとっては事業分離となる。

このような共同出資会社を通じた事業分離が親会社にとってメリットをもたらすとすれば，その理由としていくつか挙げられる。

まず，第一に，米国企業の第四次M&Aブームにみられたように，親会社が非効率な多角化を行っていたのであれば，「選択と集中」のために共同出資会社を通じた事業分離の実施は親会社にとってメリットをもたらすかもしれない。ただし，事業分離は先にみたように多様な方法が存在しており，共同出資会社を通じた事業分離を親会社が選択する必然性はない。

第二に，共同出資会社の設立に際し，類似の事業を行っている事業部門を現物出資の対象とするのであれば，共同出資会社の設立を通じて「規模の経済」が実現されるかもしれない。この場合，親会社から事業を分離するメリットではなく，複数の企業によって個別に行われてきた事業を共同出資会社という１つの企業が行うことからメリットが生じる。もっとも，このメリットは共同出資会社を用いなければ実現できないわけではなく，ある企業が他企業から同じ事業部門を取得することによっても実現可能である。さらに，共同出資会社を設立した後，親会社がその株式を手放す必然性もない。

したがって，親会社が共同出資会社の設立を通じた事業分離を選択する動機として，「選択と集中」と「規模の経済」の両方の追求が挙げられる。類似の事業を行っている事業部門を対象とした現物出資を行うことで共同出資会社は規模の経済のメリットを享受し，その後，親会社は共同出資会社の株式をより高い価格で売却することにより，選択と集中のメリットも享受することができると考えられる。

4　エルピーダメモリの事例

4.1　設立の経緯

ここでは，共同出資会社の設立を通じて事業分離を行ったケースとしてエルピーダについてみてみる。

表５-２にあるように，エルピーダは日立とNECが1999年に設立した共同出

表5－2　エルピーダの歴史

年	主な経営上の変化
1999	日立とNECが折半でNEC日立メモリを設立し，現物出資を通じて両企業のDRAM事業を集約
2000	社名をエルピーダメモリへ変更
2002	坂本幸雄氏が社長に就任
2003	三菱電機からDRAM事業を買収
	インテルや日立，NECなどから総額約1,700億円の資金調達を行う
2004	東証一部に上場
	日立とNECの持株比率がそれぞれ25%となる
2006	台湾の半導体メーカーである力晶半導体と共同出資会社を設立
2009	産業活力再生法の適用第１号となり，公的資金が投入される
	日本政策投資銀行をはじめとする複数の銀行から，約1,100億円の融資を受ける
2011	台湾証券取引所に株式を上場
2012	会社更生法の申請・適用
	上場廃止
2013	マイクロン・テクノロジーの子会社となる
2014	社名をマイクロンメモリジャパン株式会社に変更
2018	社名をマイクロンメモリジャパン合同会社に変更

出所：エルピーダメモリの有価証券報告書および坂本（2013）をもとに筆者作成。

資会社であるNEC日立メモリに起源を有する。NEC日立メモリは，日立とNECがそれぞれのDRAM事業を現物出資することで設立され，両企業がそれぞれ50%ずつ株式を所有していた。設立の翌年，同社はエルピーダメモリへ社名を変更し，2003年には三菱電機のDRAM事業を買収することで事業規模を拡大させた。

このように，同社は設立当初より，DRAM事業に従事しており，日立とNECが株主であった。その後，2004年に東証一部へ上場し，公募増資による資金調達の手段を得る。同時に，親会社であった日立とNECは同社の株式を市場で売却する機会を得て，その持株比率を25%まで減少させた。しかしながら，エルピーダは2012年に会社更生法の適用を受け，最終的には米国の半導体製造会社であるマイクロン・テクノロジー社の子会社となった。

日立とNECにとって，現物出資により共同出資会社を設立した時点で，DRAM事業を対象とした事業分離となる。ただし，設立当初は50%ずつ株式を

表５－３　日立とNECの持株比率の推移（%）

年	日立	NEC
2000	50.00	50.00
2001	50.00	50.00
2002	50.00	50.00
2003	50.00	50.00
2004	50.00	50.00
2005	25.00	25.00
2006	18.97	11.13
2007	11.06	5.99
2008	0.00	5.96
2009	0.00	5.47
2010	0.00	3.88
2011	0.00	3.56

出所：日立，NEC，エルピーダメモリの有価証券報告書をもとに筆者作成。

所有していたため，事業が完全に両企業から切り離されたわけではない。日立とNECの有価証券報告書（2004年３月期）によれば，同社は関連会社となっており，持分法適用会社ではあるものの，連結子会社ではなかった。

表５－３は，NEC日立メモリとしてエルピーダが設立された2000年以降の日立とNECの持株比率を示している。設立当初は50%ずつ所有していたものの，エルピーダが東証一部に上場した2004年以降は両企業ともに次第に持株比率が低下している。したがって，共同出資会社の設立を通じた事業分離について考えた場合，日立とNECの持株比率が大幅に低下する1999年の設立時と2004年の上場時が重要と考えられる。言い換えれば，日立とNECにとって「選択と集中」のメリットが享受できるのは，1999年のエルピーダの設立年と2004年の上場年であろう。一方，両企業にとって「規模の経済」のメリットが享受できるのは，1999年のエルピーダの設立年と**表５－２**からわかるように2003年の三菱電機のDRAM事業の買収時であろう。

これらの結果，日立とNECは1999年には「選択と集中」と「規模の経済」の両方のメリットを，2003年には「規模の経済」のメリットを，2004年には「選択と集中」のメリットを享受できた可能性がある。したがって，以下ではこれら３つの時点に着目しつつ，２つの親会社の状況についてみていく。

4.2 収益性

■1990年代のDRAM事業

周知のように，日本の半導体企業は1980年代に汎用DRAMの分野において成功を収めたものの，1990年代後半には深刻な経営不振に陥ることになる[10]。この経営不振の原因は，直接的にはDRAM市場における供給過剰に伴う価格の大幅な下落[11]によるものであり，間接的には日本企業の品質重視の経営[12]によるものであった。1990年代後半は世界的にDRAM市場が縮小していたにもかかわらず，韓国企業がウォン安を背景に低価格でDRAMを販売したため，そのことがDRAM市場のさらなる供給過剰をもたらした[13]。その結果，1996年から1998年にかけて16メガDRAMの価格が約10分の1に下落するなど，この時期に汎用DRAMの価格が大幅に下落した。

一方，日本企業における品質重視の経営もこの時期の経営不振の一因となった。湯之上（2006）によれば，「1980年代，DRAMの主要な用途はメインフレームや電話交換機向けであった。メインフレーム・メーカーや電電公社は，故障しないDRAMを半導体メーカーに求めた」とされる。その結果，多くの日本企業が高品質のDRAMを重視し，1990年代後半の価格競争において韓国や台湾のメーカーの後塵を拝するようになったのである。

このように，1990年代後半はDRAM事業を有していた多くの日本企業が経営不振に陥っており，日立とNECも同様であった。**表5－4**はこの時期に半導体事業に従事していた主要な日本企業の状況とその当時の対応策を示している。いずれの企業も設備投資を抑制すると同時に，DRAM事業については縮小あるいは撤退することを計画していたことがわかる。ただし，同じ半導体産業に従事する企業であっても，システムLSIなどに強みを持っていたNECとそうでない日立のような企業とでは予想される業績に差があった。また，松下電子のようにDRAM事業の割合が低い企業も存在していた。

10　角田（2006），130頁。
11　多田・山崎（1998），42-43頁。
12　湯之上（2006），145頁。
13　遠藤（1999），145頁。

表5－4　1990年代後半における半導体企業の経営状況

企業名	半導体事業のリストラ策	今後の汎用DRAM量産	設備投資額	半導体事業の損益と今後の計画
NEC		○	1,800→1,500	99年3月期は100億円の黒字見込む。システムLSIに強く勝ち組の筆頭
東芝		○	1,400→1,200	99年3月期は9月の中間決算では200億円の赤字だったが，通期で黒字見込む
日立	米工場を閉鎖。国内でも生産ラインを一部閉鎖	△	800→200	99年3月期は連結で1,200億円の赤字見込む。投資を大幅に縮小し，256メガ以降の量産は困難との見方も
富士通	英工場を閉鎖	△	900	99年3月期は600億円の赤字が予想される。DRAMの生産量を削減しフラッシュメモリーとシステムLSIに注力
三菱電機	米2工場を閉鎖。独工場も閉鎖	△	500	64メガで先行しているため，99年3月期の赤字は350億円程度。投資を大幅に縮小し，256メガ以降の量産は微妙に
沖電気	米工場を閉鎖。国内で従業員を一時帰休	×	200	半導体事業の赤字は500億円程度とみられる。64メガはほとんど生産せず，256メガ以降は量産から撤退
松下電子	米工場を閉鎖	×	600	売上高に占めるDRAM比率は5％程度と他社よりも大幅に低く，打撃も少ない。今後のDRAM量産計画はない

出所：多田・山崎（1998），46頁の表を一部改変。

■日立とNECの収益性

表5－5は，1995年から2010年における日立とNECおよび両企業が属する電気機器の業種平均の連結の収益性を表している。両企業と業種平均を比較した場合，日立もNECもいずれの年もおおむね低収益であることがわかる。たとえば，総資産営業利益率（営業利益/総資産×100）の全期間の平均値に着目した場合，電気機器産業の値は4.00であるのに対して，日立とNECがそれぞれ2.03と2.60であり，かなり低いことがわかる。特に，日立については総資産営業利益率も売上高営業利益率（営業利益/総資産×100）もともにほとんどの年において業種平均の値よりも低い。また，1999年については日立の収益性の値はマイナス，NECはプラスであるもののゼロに近い値となっており，これらの低収益性はDRAM事業の影響による可能性がある。両企業がエルピーダを設立した1999年前後を比較した場合，両企業ともに収益性が低下しており，エルピーダの設立が必ずしも収益性の改善には結びついていない。これらの収益性は連結データであるため，エルピーダが設立された2000年以降はDRAM事業の業績はこの収益性には反映されていない。したがって，エルピーダ設立によってDRAM事業の低収益性が両企業の連結での業績から除外され，それに

表5－5　日立とNECの収益性

年	日立		NEC		電気機器	
	総資産営業利益率	売上高営業利益率	総資産営業利益率	売上高営業利益率	総資産営業利益率	売上高営業利益率
1995	3.33	4.01	3.75	4.13	3.31	3.89
1996	3.39	4.09	5.29	5.64	4.57	5.35
1997	2.98	3.49	3.83	3.71	4.69	5.21
1998	2.07	2.48	3.83	3.88	4.67	5.15
1999	−0.35	−0.43	0.06	0.07	2.74	3.03
2000	1.75	2.18	2.40	2.21	3.63	4.00
2001	3.04	4.07	3.84	3.42	5.09	5.56
2002	−1.18	−1.47	−1.11	−1.09	0.79	0.89
2003	1.50	1.87	2.43	2.18	3.46	3.76
2004	1.93	2.14	3.34	2.81	4.59	4.78
2005	2.87	3.09	3.56	2.95	5.20	5.32
2006	2.55	2.70	2.45	1.98	5.57	5.75
2007	1.71	1.78	1.88	1.50	5.68	5.84
2008	3.28	3.08	4.44	3.40	6.83	6.62
2009	1.35	1.27	−0.20	−0.15	0.97	0.98
2010	2.26	2.25	1.73	1.42	2.26	2.60
平均値(1995-1999)	2.28	2.73	3.35	3.49	4.00	4.53
平均値(2000-2010)	1.91	2.09	2.25	1.88	4.01	4.19
平均値(1995-2010)	2.03	2.29	2.60	2.38	4.00	4.30

注：日立とNECは1999年にエルピーダを設立している。

よって両企業の収益性が改善するのであれば，2000年以降の両企業の収益性が改善すると思われる。しかしながら，2000年以降についても年によって収益性にばらつきがあるものの，平均的にはむしろ収益性が低下していることからエルピーダの設立が両企業の収益性の急速な改善に必ずしも寄与しているわけではない。

表5－6は日立とNECのセグメント別の収益性を表している。DRAM事業を含む半導体事業は日立では「情報・エレクトロニクス」部門に，NECでは「電子デバイス」部門に属する[14]。両企業の半導体事業を含む部門の収益性につい

14　年によってセグメントの区分が異なるため，日立は1996年3月期，NECは1998年3月期の区分に合わせて，その後のセグメント区分の変化を調整している。

表5-6　セグメント別収益性

年	日立					NEC		
	情報・エレクトロニクス	電力・産業システム	家庭電器	材料	サービス他	情報通信機器	電子デバイス	その他
1995								
1996	8.92	5.06	−2.17	5.54	1.91			
1997	4.42	5.06	1.01	4.46	2.02	8.44	4.38	−0.99
1998	2.60	4.05	−2.16	4.54	2.38	8.71	3.99	−0.23
1999	−4.03	1.35	−0.89	2.01	2.29	4.89	−4.13	−1.13
2000	2.32	1.88	2.75	3.37	2.31	6.76	4.22	−0.36
2001	5.33	3.53	0.32	5.43	1.96	6.97	5.59	2.67
2002	−5.01	2.67	−1.97	−1.63	1.28	5.82	−14.16	0.38
2003	2.86	2.43	0.79	1.41	0.76	7.00	−0.21	2.22
2004	3.77	1.55	0.89	3.94	0.74	8.09	4.98	1.73
2005	4.02	3.12	1.21	6.73	1.32	7.09	3.17	1.18
2006	3.89	3.74	−4.25	8.07	1.68	6.08	−3.29	3.30
2007	3.75	1.33	−6.02	8.80	1.25	5.95	−2.65	3.51
2008	6.25	4.50	−12.36	9.24	1.63	9.00	0.97	2.65
2009	2.15	0.84	−19.36	2.05	1.52	6.19	−14.31	−1.04
2010	−0.29	2.23	−1.38	3.51	1.41	7.11	−9.74	6.51
平均値(1995-1999)	2.98	3.88	−1.05	4.14	2.15	7.34	1.41	−0.78
平均値(2000-2010)	2.64	2.53	−3.58	4.63	1.44	6.92	−2.31	2.07
平均値(1995-2010)	2.74	2.89	−2.91	4.50	1.63	7.01	−1.51	1.46

注：セグメント別収益性は，セグメントごとの営業利益を資産額で割った値である。
　日立は1996年3月期，NECは1997年3月期のセグメント情報の分類に基づいてその他の年のセグメント区分の変化を調整している。1995年の日立のセグメント情報には資産の情報が掲載されていないため空白となっている。また，NECは1996年以前はセグメント情報を掲載していないため空白となっている。日立のDRAM事業は「情報・エレクトロニクス」部門に，NECは「電子デバイス」部門に属する。

ては，数値にばらつきはあるものの，1990年代後半は低い数値が多く，特に1999年には両企業ともに値がマイナスとなっている。したがって，**表5-5**において両企業の1999年の収益性が低くなっていたのは半導体事業を含む部門の低収益によるものであったことがわかる。**表5-6**のセグメント別の収益性も連結データであるため，エルピーダが設立された2000年以降はDRAM事業の業績がこの収益率には反映されていない。しかしながら，2000年以降についても年によって収益性にばらつきがあり，2002年には両企業ともマイナスとなるなど，エルピーダ設立以降に両企業の半導体部門の収益性が必ずしも改善されたわけではない。

また，**表5－5**から日立，NECともにエルピーダ設立の有無にかかわらず，同業他社と比較して収益性が低いことが読み取れたが，その原因が日立とNECでは異なることが**表5－6**からわかる。日立の場合，他の部門と比較して「家庭電器」部門の収益性が低く，このことが日立全体の収益性を低下させる一因となっている。したがって，日立が収益性を改善させるには，DRAM事業だけでなく，「家庭電器」部門の低収益性を改善する必要があった。これに対し，NECでは半導体部門が属する「電子デバイス」部門が低収益であることがNEC全体の収益性を低下させていた。NECの「電子デバイス」部門の低収益はエルピーダ設立以降も継続しており，DRAM事業の分離だけでは同部門の改善が見込めなかったことを示唆している。NECによれば，「売上高は，前連結会計年度に比べ31％減少の8,429億円となった。パーソナルコンピュータや通信機器などIT関連市場が急激に冷え込み，民生用機器市場も低迷した。これにより，電子機器の需要が前連結会計年度に比べ大幅に減少し，半導体や液晶ディスプレイの出荷数量が減少し，また価格が下落したことによるもの」とされる[15]。

表5－7は，日立とNECの半導体を含む部門の構成を表している。NECの電子デバイス部門のほとんどが半導体関連から構成されているのに対し，日立の

表5－7　半導体事業を含む部門の構成

日立：「情報・エレクトロニクス」部門（1996年3月期）

汎用コンピュータ，コンピュータ周辺・端末装置，ワークステーション，パーソナルコンピュータ，ワードプロセッサ，交換機，ブラウン管，液晶ディスプレイ，IC，LSI，理化学機器，医療機器，放送機器の製造・販売及び関連ソフトウェアの開発

NEC：「電子デバイス」部門（1997年3月期）

メモリ，マイクロコンピュータ，各種民生・産業用IC，トランジスタ，カラー液晶ディスプレイ，工業用カラーブラウン管，コンデンサ

出所：日立，NECの有価証券報告書より著者作成。

15　NECの有価証券報告書（2002年3月期），21頁。

情報・エレクトロニクス部門は半導体関連以外にも理化学機器や医療機器など多様な製品から構成されている。このような部門の構成の違いも，両企業のITあるいは半導体関係を含む事業部門の収益性に影響を及ぼしていたことが考えられる。

このように，1999年時点ではDRAM事業が両企業の業績悪化に多大な影響を及ぼしていたものの，長期的にみた場合，日立では他部門の低収益性が，NECではDRAM事業以外のITあるいは半導体関連の事業の低収益性が業績に大きく影響を及ぼしていた。一方，エルピーダ設立とそれに伴うDRAM事業の分離は両企業全体の収益性あるいは当該事業部門の収益性に多大な影響を及ぼしてはいない。この結果は，次のことを示している。

(1)「選択と集中」あるいは「規模の経済」の効果が限定的である

(2) これらの効果が収益性に反映されるのに時間がかかる

以下では，これらについてみてみる。

4.3　事業規模

エルピーダ設立によってDRAM事業の分離が実施されたとしても，企業全体に占めるDRAM事業の規模が小さければ，企業全体の収益性にほとんど影響を及ぼさない可能性がある。**表5-8**は，資産額ベースでのセグメント部門別の事業規模を示している。日立においては，1999年から2000年にかけて減少するどころか反対に増加していることがわかる。エルピーダ設立によってDRAM事業が分離され，その影響が大きければ同部門の事業規模は縮小すると考えられるものの，実際には増大しており，同事業の規模がそもそもかなり小さかったことがうかがえる。一方，NECにおいてはDRAM事業が属していた電子デバイス部門については，1999年から2000年にかけて減少しており，この減少はエルピーダ設立の影響による可能性がある。

1999年時点において，情報・エレクトロニクス部門が日立全体に占める割合が25.37%，NECの電子デバイス部門がNEC全体に占める割合が31.06%であり，必ずしもこれらの部門が企業全体の中で大きな割合を占めていたわけではない。したがって，エルピーダ設立による事業分離の効果があったとしても，両企業の事業全体に占めるDRAM事業の割合は小さく，その結果としてエルピーダ

表5－8　DRAM事業の規模

年	日立	NEC
1995		
1996	2,072,429 (24.95%)	
1997	2,347,255 (26.57%)	1,223,899 (30.06%)
1998	2,433,610 (26.55%)	1,322,544 (31.89%)
1999	2,241,533 (25.36%)	1,255,854 (31.06%)
2000	2,257,880 (25.05%)	1,171,940 (29.12%)
2001	2,665,367 (24.76%)	1,222,183 (27.91%)
2002	2,553,533 (25.87%)	1,046,265 (25.91%)
2003	3,047,939 (29.67%)	1,109,312 (29.36%)
2004	2,658,984 (26.84%)	1,089,228 (29.57%)
2005	2,605,679 (25.87%)	1,055,557 (28.21%)
2006	2,701,126 (25.43%)	937,015 (26.49%)
2007	2,828,589 (24.54%)	869,204 (25.55%)
2008	2,720,707 (23.69%)	757,539 (23.36%)
2009	1,469,950 (17.70%)	554,437 (19.96%)
2010	1,406,699 (17.60%)	583,735 (22.84%)

注：上段は金額（百万円），下段は割合を示している。
日立は，DRAM事業を含む「情報・エレクトロニクス部門」，NECは「電子デバイス」部門の規模と割合が用いられている。

設立による(1)の「選択と集中」あるいは「規模の経済」の効果は限定的であり，企業全体の収益性の改善に寄与するほどではなかった可能性がある。

4.4　株価の反応

⑵については，「選択と集中」あるいは「規模の経済」の効果が当該企業のパフォーマンスに反映されるのに時間を要するため，資産利益率のような収益性へはただちに反映されない可能性がある。ただし，その場合においても，これらの効果は株価へは迅速に反映されると考えられる。株式市場が効率的であれば，現在あるいは将来の企業業績に影響を及ぼす可能性があるイベントに対して，株価はただちに反応するためである。ここでは，**表５－２**および**表５－３**でみたように，エルピーダ設立時，三菱電機のDRAM事業買収時，東証への上場時の３時点における株式市場の反応についてみてみる。エルピーダ設立時には，「選択と集中」と「規模の経済」の両方のメリットが，三菱電機のDRAM事業買収時には「規模の経済」のメリットが，東証上場時には「選択と集中」のメリットが見込まれるため，いずれの時点においても両企業の株価が上昇することが予期される。

図５-10は，エルピーダ設立の公表日を０日とした場合の－10日から+10日までの日立とNECの株価の反応を示している。この設立が両企業の経営にとってプラスになると株式市場が評価するのであれば，０日前後においてプラスに

図５-10　エルピーダ設立時の株価の反応

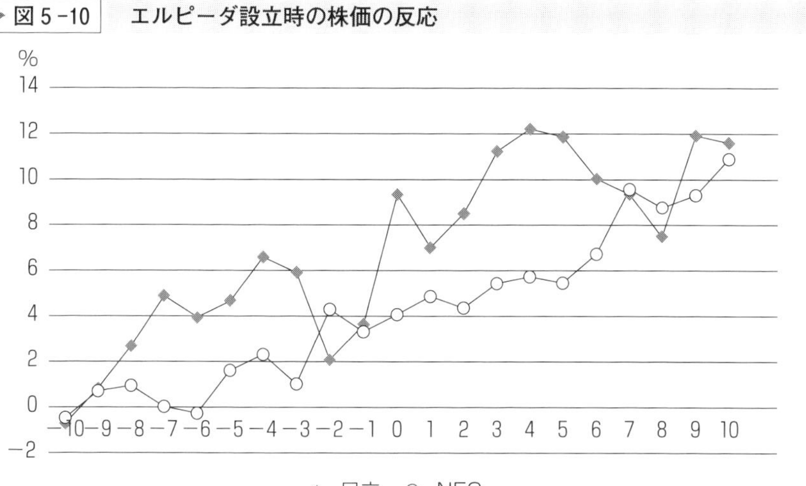

反応することが予期される。同図からわかるように，両企業ともに継続的に株価は上昇しているものの，0日前後に着目した場合，日立が大幅に上昇しているのに対し，NECはあまり上昇していないことがわかる。同図からは明らかでないものの，0日における日立が5.73%の上昇であったのに対し，NECは0.75%であった。この結果は，両企業が同じようにエルピーダを設立し，この設立を通じてDRAM事業を分離したにもかかわらず，株式市場の反応が異なることを意味する。

図5-11は，エルピーダが三菱電機のDRAM事業の買収を公表した日を0日とした場合の日立，NEC，三菱電機の株価の反応を示している。この買収によってエルピーダに「規模の経済」のメリットが生じるのであれば，そのメリットは最終的には株主である日立とNECが享受することになる。そのため，規模の経済が生じるのであれば，日立とNECの株価が0日前後においてプラスに反応することが予期される。

同図から明らかなように，日立ではわずかながら上昇が，NECでは上昇がみられる。0日において日立は1.66%であったのに対し，NECは3.42%であった。ただし，両企業の株価の反応は買収時の価格によるものであった可能性がある。エルピーダが三菱電機からDRAM事業を買収する際，低い価格で買収したの

図5-11　三菱電機のDRAM事業買収時の株価の反応

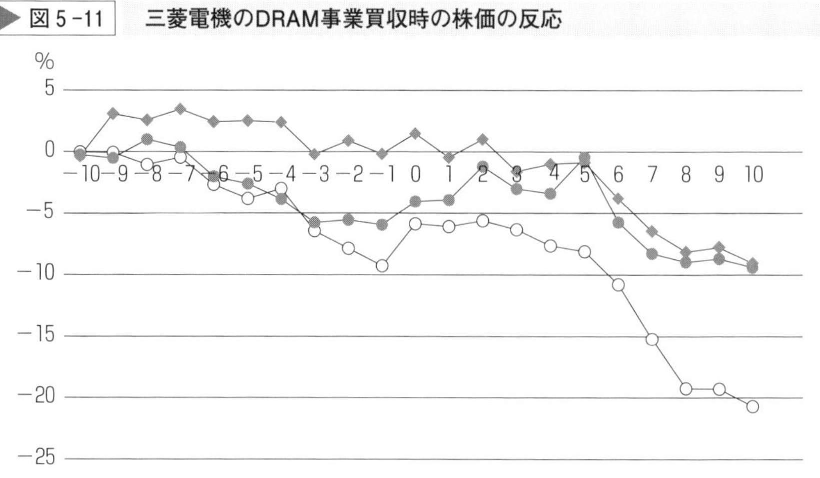

であれば，日立とNECの株価が上昇する一方で，三菱電機の株価は下落するであろう。この場合，日立やNECの株価の上昇は，買収時の価格によるものであり，選択と集中や規模の経済の効果から生じたものではない。もし三菱電機のDRAM事業が低い価格で売却されたのであれば，三菱電機の株価はマイナスに反応することが予期される。そのため，三菱電機の株価の反応に着目した場合，０日前後で若干上昇しているものの，ほとんど反応がない[16]ことがわかる。この結果は，三菱電機からDRAM事業を買収する際，適切な価格水準で買収が行われたと同時に日立とNECの株価の反応が買収価格以外，すなわち規模の経済から生じていることを示唆している。

最後に，**図５-12**はエルピーダが東証一部に上場することを公表した日を０日とした場合の日立とNECの株価の反応を示している。エルピーダの上場は，日立とNECの持株比率の低下をもたらすと考えられるため，両企業にとって選択と集中の効果が生じるのであれば株価がプラスに反応することが予期される。同図より，両企業ともにほとんど株価に変化がないことがわかる。同図からは明らかでないものの，０日において日立が－0.88%，NECが0.14%であった。

これまでの株価の反応の結果は，**表５-９**のようにまとめられる。これらの

図５-12　エルピーダ上場時の株価の反応

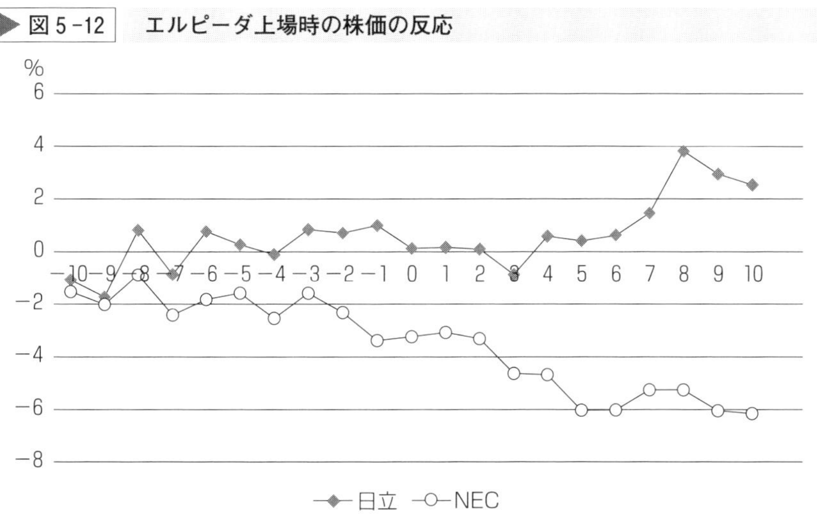

16　三菱電機は０日において1.92%であった。

表5－9　株価の反応のまとめ

	予想される効果	株価の反応	
		日立	NEC
JV設立時	選択と集中，規模の経済	＋＋	無反応
三菱電機のDRAM事業買収時	規模の経済	＋	＋＋
JV上場時	選択と集中	無反応	無反応

＋＋：大きくプラスに反応
＋：プラスに反応

結果からわかることは，規模の経済については効果がみられる一方，選択と集中についてはあまり効果がみられないということである。事業規模の変化でみたように，両企業にとってDRAM事業が占める割合はそれほど高くなく，そのためにDRAM事業を分離したのみでは両企業のリストラクチャリングが十分には実施されていないためであると思われる。事実，**表5－6**からわかるように，日立では家庭電器部門の収益性が長期にわたり低迷していたものの，同部門の規模が絶対額においても全体に占める割合においても十分に縮小しているわけではない。

最後に，**図5－12**のエルピーダ上場時の日立とNECの株価がほとんど反応しなかった一因として，事前に上場の計画が公表されていたことが挙げられる。エルピーダの上場が正式に決まったことが新聞紙面等で公表された日は2004年10月13日である[17]ものの，それ以前から複数回にわたり上場を計画していることが公表されている。たとえば，当時の日立の社長であった庄山悦彦氏が，「いずれエルピーダはIPOしようとお互いに言っている。つまり，当社がマジョリティの資本を持ってやろうとは思っていないということ。日立はDRAMから撤退すると解釈してくれてもいい。」と2002年に雑誌[18]の対談で述べているように，2004年よりも前に上場とそれに伴う日立とNECの持株比率低下が公表され，そのために2004年10月13日時点では株価が反応しなかった可能性がある。

17　東証が2004年10月12日にエルピーダメモリの上場を承認している（日本経済新聞2004年10月13日付）。

18　鈴木・深澤（2002），48頁。

4.5　設立後のエルピーダメモリ

これまで，JV設立の意思決定を行った日立とNECについてみてきたが，最後にエルピーダがどのような経営を行ってきたのかについてみていく。**表５-２**でみたように，JV設立の翌年に名称をエルピーダメモリへ変更し，その２年後には坂本幸雄氏が社長となる。同氏[19]によれば，設立当初は社内に多数のポストを設けて日立とNECの出身者を交互にポストにつける非効率な「たすき掛け人事」が行われていたり，日立とNECが資金的な支援を渋ったりするなど，困難が山積みであった。そこで，**表５-10**にあるように従業員の出身元にこだわらないことや早期に上場を目指すなどを示した「７つの戦術」という計画を策定した。

2003年，インテルから出資を得たことをきっかけとして日本政策投資銀行や日立，NECからも融資・出資を得ることができ，総額約1,700億円の資金調達を行うことができた。なお，このうち出資については普通株に加えて種類株が発行された。さらに，同年，三菱電機からDRAM事業を買収し，規模を拡大し，世界シェア10%程度となる[20]。その後，2004年11月に東証一部に上場を果たし，公募増資を実施した。その後，2006年，2007年，2009年と続けて公募増資を行うと同時に，日本政策投資銀行などを引受先とする第三者割当増資も積極的に

表５-10　エルピーダの「７つの戦術」

1．できるだけ早い時期のIPO（新規株式公開）を実現する
2．開発製品の50%は世界のトップ・シェアをとる
3．総生産能力のうち，外部への生産委託分を50%まで引き下げる
4．これまでの汎用パソコン向けの市場だけでなく，新市場（携帯端末，デジタルコンシューマー，サーバー，グラフィック）にビジネスを拡大する
5．ストックオプション，スペシャルボーナス，新しい給与制度など，社員に対する魅力的なベネフィットプランをつくる
6．クリエイト・メイク・マーケットの体制をできるだけ早くつくる
7．日立出身かNEC出身か，あるいは，学歴，性別，年齢にこだわらない

出所：坂本（2013），86頁。

19　以下，エルピーダメモリに関する記述の大部分が坂本（2013）による。
20　日本経済新聞（2002年10月26日），３頁。

図5-13　エルピーダの事業規模と資本構成の推移

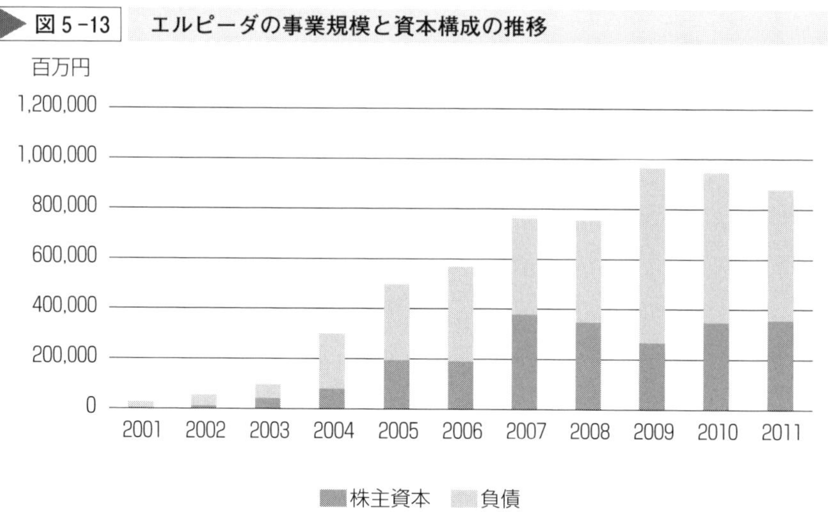

実施した。

図5-13は，2001年から2011年までのエルピーダの事業規模と資本構成の推移を示している。2001年時点では大部分が負債であったのに対し，次第に株主資本が増加していることがわかる。同時に同社の事業規模も拡大しており，同社設立以降，株主資本を増加させながら，事業規模を急拡大させていったことがわかる。

このような事業規模の拡大に対し，同社の業績が必ずしも改善したわけではなかった。**表5-11**は同社の収益状況を表している。売上高は順調に拡大していたものの，営業利益，経常利益，税引後当期純利益の大部分がマイナスであり，必ずしも経営状況が改善していないことがわかる。それに伴って，総資産営業利益率も売上高営業利益率も多くの時期でマイナスとなっている。

順調な規模拡大にもかかわらず，このような業績不振が生じた原因として，積極的な設備投資から生じた一時的な費用増大と1990年代後半から続いていた供給過剰によるDRAM市況の悪化，2008年のリーマンショックが挙げられる。たとえば，2004年に300mm工場を建設したが，この立ち上げ費用の発生が同年の経常損失および税引後当期純損失を生じさせた[21]。さらに，同工場が操業初期段階にあったことから減価償却費などの固定費が増大し，そのことが製造

表５-11　エルピーダの収益状況

年	売上高	営業利益	経常利益	税引後当期純利益	総資産営業利益率	売上高営業利益率
2001	29,398	－331	－550	－345	－1.18	－1.13
2002	72,574	－24,372	－24,739	－25,007	－44.21	－33.58
2003	63,235	－23,831	－22,607	－26,084	－24.67	－37.69
2004	100,441	－26,438	－25,460	－26,865	－8.80	－26.32
2005	207,028	15,116	10,684	8,213	3.03	7.30
2006	241,554	144	－3,076	－4,708	0.03	0.06
2007	490,039	68,420	63,636	52,943	8.97	13.96
2008	405,481	－24,940	－39,623	－23,542	－3.31	－6.15
2009	331,049	－147,389	－168,757	－178,870	－15.27	－44.52
2010	466,953	26,845	12,290	3,085	2.83	5.75
2011	514,316	35,788	13,854	2,096	4.07	6.96

注：売上高，営業利益，経常利益，税引後当期純利益の単位は百万円，その他は%。

原価を高め，同社の利益を減少させた。また，2009年にはDRAM業界における供給過剰に加えてリーマンショックによる世界的な景気後退と，それに伴うDRAM価格の下落が同社の業績を悪化させた[22]。

このように，同社は株主資本による資金調達とそれを用いた積極的な設備投資を行ったにもかかわらず，DRAM市場における価格の下落，さらには設備投資に伴う一時的な費用増大が同社の業績を悪化させたのである。

■会社更生法の適用

これまで，エルピーダが設備投資を積極的に行ったにもかかわらず，同社の業績が改善しなかったことをみてきたが，この間の設備投資について，坂本（2013）によれば汎用DRAMからモバイルDRAMへ生産をシフトすることで価格競争から逃れ，高収益を追求しようとしたとされる。汎用DRAMはパソコン向け製品であり，「汎用」であるがゆえに差別化が難しく，そのために「価格」が商品の価値を決定する。さらに，同製品は技術的なハードルが低いため，

21　2004年12月期の同社の有価証券届出書の28頁および53頁。

22　2009年３月期における同社の有価証券報告書12頁。

高い技術力を持たない企業でも同分野へ参入しやすく，このことが価格競争を引き起こしてきた。これに対し，モバイルDRAMは顧客ごとに仕様が異なり，相手先企業の仕様に合わせて生産する点で「汎用」ではない。また，相手先企業の要求水準を満たすためには一定水準の品質を維持する必要があることから，その生産に際してはある程度の技術力が必要となり，価格競争の生じにくい製品と考えられたのである。

しかしながら，同社が本格的にモバイルDRAMの製造に着手する前に資金繰りの問題から経営が行き詰まることになる。**表5－2**でもみたように，2009年に同社は産業活力再生法の適用第1号となって公的資金が投入された。これにより，エルピーダは日本政策投資銀行を引受先とする300億円の優先株を第三者割当増資により発行し，同時に借入金の返済や社債償還のために日本政策投資銀行など5銀行から約1,100億円の協調融資を受けている。

この協調融資の返済期限が2012年4月であったが，2011年12月に協調融資の主導権を握っていた日本政策投資銀行側から「2012年2月末までに提携先を見つけて，1,000億～2,000億円の資本を増強せよ，できなければこれ以上の支援，すなわち借換えには応じられない」旨の打診があった[23]。これに対し，同社は米国のDRAMメーカーであるマイクロンなどと提携交渉を行うものの，最終的には2012年2月末までには交渉が成立せず，2012年2月27日に東京地方裁判所へ会社更生法の適用を申請した。会社更生法を利用する手続は再建型手続の一種で，経営破たんが致命的となる前段階で裁判所に申請を行い，通常これまで経営を行っていた人とは別の人が管財人として経営を引き継ぐ。しかしながら，エルピーダの場合，これまで経営を行っていた坂本氏が管財人となり，引き続き同社の再建を行う，いわゆるDIP型会社更生手続とよばれる手法が採用された。

このように，エルピーダが会社更生法の適用申請を行わざるを得なかった直接的な原因として，銀行からの協調融資の借換えを行うことができなかったことが挙げられる。

図5－14はエルピーダが会社更生法の適用を申請した翌日，すなわち2012年

23　坂本（2013），150頁。

図5-14　エルピーダの会社更生法の適用申請日前後の株価

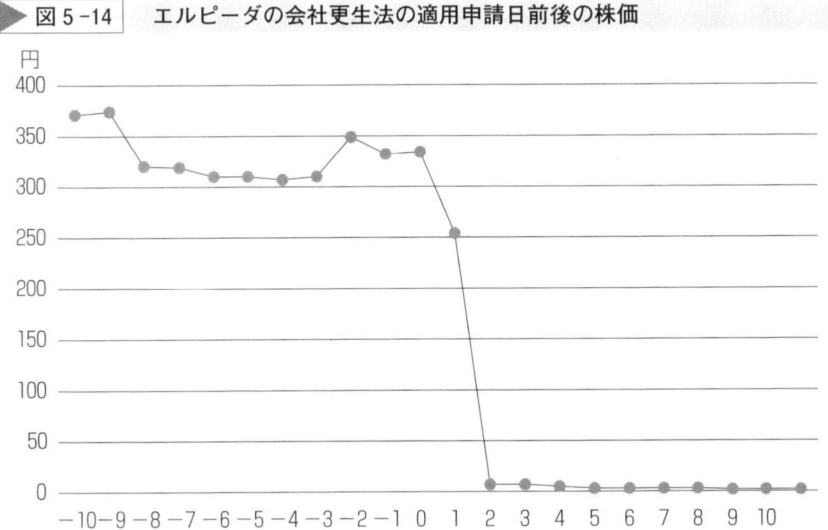

2月28日を0日とするエルピーダの株価の推移を示している。300円から400円の間で推移していた同社の株価は，会社更生法適用申請の公表日の翌日には7円に急落する。同社が会社更生法の適用を申請したことから生じる株価の急落は設立企業であった日立とNECにどのような影響を与えたのであろうか。

図5-15は，エルピーダによる会社更生法の適用の申請前後における日立とNECの株価の反応を示している。**表5-3**からもわかるように，NECの株価が下落しているのはこの時点までエルピーダの株式を同社が保有していたことに起因する。すなわち，エルピーダが会社更生法の適用を申請したことを受けて**図5-14**のように同社の株価が急落し，その影響をNECの株式が受けたためであろう。一方，日立はこの時点では株式をすべて売却しており，株価に影響はないはずであるが，同図より株価が前日より上昇していることがわかる。エルピーダの会社更生法適用申請のニュースと日立の株価上昇との間の因果関係は明らかではないが，皮肉なことにエルピーダのネガティブな情報が日立の株価を高めている。この結果は，将来的に経営が破たんするような事業を事前に分離させていた，すなわち資本関係を完全に消滅させていたという日立の経営が市場から評価されたのかもしれない。

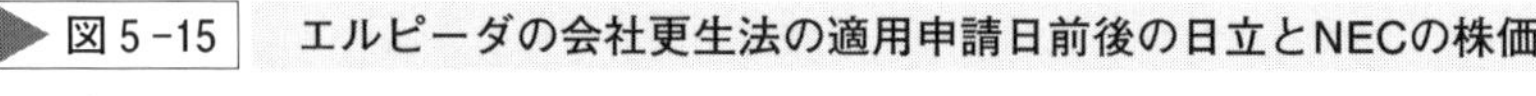
図5-15　エルピーダの会社更生法の適用申請日前後の日立とNECの株価

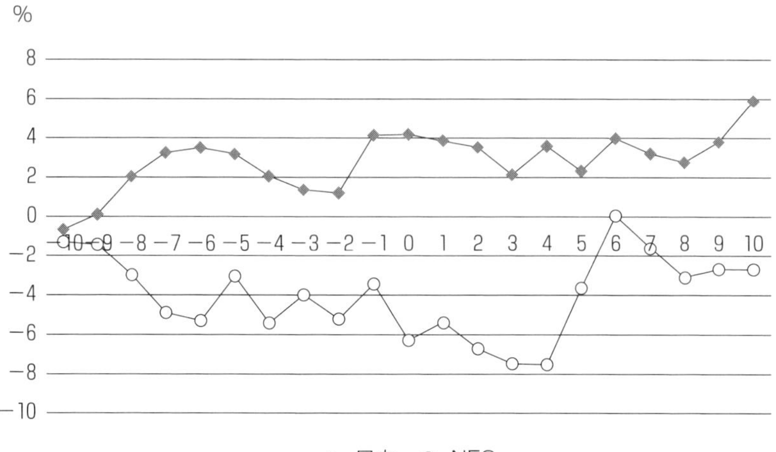

5　おわりに

ここでは，事業分離の一手段としての共同出資会社の設立について，エルピーダの事例をみてきた。複数の企業より設立される共同出資会社は，資本提携の一種であり，必ずしも事業分離を意味するわけではない。しかしながら，設立する企業が現物出資により共同出資会社を設立し，さらには設立以降に共同出資会社に対する持株比率を低下させるのであれば，事業分離の一手段となる。

ここでは，1999年に日立とNECがDRAM事業を現物出資して設立したエルピーダについてみてきた。設立当初，両企業はエルピーダへ50%ずつ出資していたものの，ともに持株比率を低下させ，2004年にエルピーダが上場することにより両企業の持株比率は各25%となる。その後も両企業の持株比率は低下し，エルピーダが会社更生法の適用を申請する2012年にはほとんど資本関係のない状態となる。

このように，JV設立後，JVに対する持株比率が低下することは設立企業にとって事業分離を意味し，「選択と集中」の効果が見込まれる。一方，JV設立時に複数の設立企業が同じ事業部門を現物出資する場合には「規模の経済」の効果が見込まれる。エルピーダのケースでは，設立時，三菱電機のDRAM事業買収時，上場時の３時点においてこれらの効果が見込まれた。ただし，実際の日立とNECの株価の変化からは，規模の経済の効果のみがみられた。

その結果，JV設立による事業分離は，少なくとも株式市場からは十分には評価されないものと解釈される。JVによる事業分離は，セル・オフなどと比較すると，JVの設立からその上場まで時間を要することが評価されない一因かもしれない。また，日立とNECに関しては，JVの対象となったDRAM事業の規模が相対的に小さかったことや，両企業が経営不振となっていた原因がDRAM事業以外にも存在していたことなどが十分に評価されなかった原因かもしれない。一方，エルピーダの会社更生法申請の公表に対して，資本関係のなかった日立の株価が上昇したことは，皮肉にも将来的に経営が破たんするような事業を事前に分離させていた，すなわち資本関係を消滅させたという日立の経営が市場から評価されたのかもしれない。

第6章

子会社上場と完全子会社化

日立製作所の事例

1　本章のねらい

これまで，一部の日本企業は事業部門の一部を分社化し，多数の子会社を設立してきた。当初，これらの子会社は親会社によって100%株式を所有されていたものの，一部の子会社は株式を上場させ，上場子会社として存続してきた。その結果，親会社も子会社も上場企業であるという状態が形成された。一方，1999年における商法改正以降，新たに株式交換制度が利用可能となり，同制度を用いて親会社が上場子会社の株式を100%取得する，いわゆる完全子会社化がみられるようになった。

このように，子会社上場と完全子会社化は反対の経営行動である一方，親会社を頂点として子会社や関連会社から構成される企業グループの再編という点では同様である。ここでは，親会社が上場しているにもかかわらず，なぜ一部の日本企業では子会社を上場させてきたのか，さらには2000年前後を境として上場子会社の完全子会社化がなぜみられるようになったのかについてみてみる。そのうえで，これまで分社化を通じて多数の子会社を設立し，その一部を上場させてきた日立製作所（以下，日立とよぶ）における子会社上場と完全子会社化のケースについてみてみる[1]。

2 子会社上場

親会社が子会社を株式市場へ上場させることは子会社上場とよばれ，上場後も子会社として存続する企業は上場子会社とよばれる。上場していない子会社の多くが親会社によって株式を100%所有されているのに対し，子会社の上場により親会社の当該子会社に対する持株比率は低下する。

一般に，企業が上場を行う主たる目的として，株式市場を通じた資金調達と創業者利得の獲得が挙げられる。前者は上場以降に当該企業が公募増資などを行うことを意味し，後者は当該企業の株主が所有する株式の一部を株式市場で売却することを意味する。しかしながら，子会社上場についてはどちらにも該当しない可能性がある。株式市場を通じた資金調達については，すでに上場している親会社が公募増資などを行うことで資金調達を行い，その資金を子会社に配分することで，子会社は上場せずとも資金を得ることができる。また，創業者利得については，親会社の株価に子会社の事業が生み出す価値が適切に反映されているのであれば，子会社を上場させずとも親会社の株主は子会社の事業が生み出す価値を享受することができる。このように，子会社上場は一般的な上場の目的では説明が困難なため，上場している親会社がなぜ一部の子会社を上場させるのかについて研究が行われ，様々な主張がなされてきた。ここでは，米国と日本における子会社上場についてみてみる。

2.1 米国企業

第１章でもみたように，米国では，子会社上場はエクイティ・カーブ・アウト（Equity carve out）とよばれ，ダイベストメントの一種として考えられてきた。これまで，米国における子会社上場に関する研究の多くが，子会社上場の公表日における株式市場の反応に焦点を当ててきた。子会社上場の公表日において親会社の株価が高まるのであれば，子会社上場は親会社の株主価値の増大，すなわち親会社にとって何らかのメリットがあると考えられる。多くの研

1　本章の一部は，大坪（2011）による。

究[2]では子会社上場の公表が親会社の株価を高めるという結果が得られており，子会社上場がなぜ親会社の株主価値を高めるのかに関して様々な主張がなされた。これらの主張は，おおむね情報の非対称性，インセンティブ，親会社資金調達，事業再編に大別される。

■情報の非対称性

親会社の経営者と外部の投資家間の情報の非対称性を利用した資金調達手段として，子会社上場が実施される。具体的には，子会社の事業の価値が親会社の株式に適切に反映されていない，すなわち過小評価されている状況において子会社上場が行われる。過小評価されているような状況において，当該子会社を上場させ，株式市場が適切に子会社の事業の価値を評価するようになるのであれば，上場子会社の株式を所有する親会社の株式の価値も高まると考えられる。子会社を上場させる際，当該子会社の財務情報をはじめとする様々な情報が開示されるため，投資家は当該子会社の事業価値を適切に評価できると考えられる。その結果，子会社上場は親会社の株主価値を高めることができるのである。

■インセンティブ

子会社上場により，子会社の株式に市場価格が付与されるため，子会社の経営者に対して株価に連動したインセンティブが付与されるのであれば，子会社の経営者と株主間のエージェンシー問題が緩和され，子会社および親会社の株主価値が増大する。これに基づけば，子会社上場後はストック・オプションなど子会社の株価に連動した経営者報酬が子会社の経営者へ付与され，当該子会社の経営者が株価を高めるよう，より精力的に活動するのであれば，子会社の株主価値が増大すると考えられる。子会社の株主価値の増大は，子会社上場後も子会社株式を所有している親会社の株主価値も高める。

2　大坪（2011），127頁。

■親会社資金調達

子会社の上場時に，親会社が所有する当該子会社の株式を売却することで，親会社は新たに資金を得ることができる。親会社が子会社の上場時に得た資金を正味現在価値がプラスの投資案を実行するなど適切に用いるのであれば，親会社の株主価値を高めることができる。これまでの研究[3]より，親会社が子会社の上場時に得た資金を負債の返済や親会社の株主に対する配当などへ用いるのであれば，株式市場が子会社上場をプラスに評価することが明らかとなっている。ただし，親会社が資金調達を行う際，子会社上場を選択する必然性はなく，公募増資など既存の資金調達を選択することも可能であろう。

■事業再編

子会社上場の後，親会社は所有する子会社株式の一括売却などを実施するのであれば，子会社上場とその後の変化を一連の事業再編として株式市場が評価し，親会社の株価は上昇する可能性がある。事実，米国企業の多くが子会社を上場させたのち，スピン・オフや親会社による子会社株式のさらなる売却を行う傾向にあり，上場子会社の状態が長期にわたって継続するケースは少ない。

図6－1は，米国企業における子会社上場後の資本関係の変化を示している。米国企業においては，子会社を上場させたのち，売却やスピン・オフが実施される傾向にある。その場合，親会社と上場子会社間の資本関係が消滅する。

このように，情報の非対称性が子会社の事業価値に関する情報に焦点を当てていたのに対し，インセンティブは子会社の経営者報酬に焦点を当てている。また，親会社資金調達は子会社の上場時に親会社が得た資金の利用方法が親会社の株価に影響を及ぼすとしているのに対し，事業再編は子会社上場後の事業再編が親会社の株価に影響を及ぼすとしている。いずれにおいても，子会社上場そのものよりも，そこから派生して生じる情報や報酬形態の変化，あるいは親会社の経営上の変化が親会社の株価を高めるとされる。

3　大坪（2011），128頁。

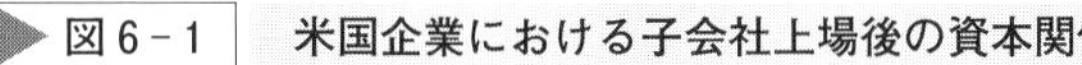
図6－1　米国企業における子会社上場後の資本関係の変化

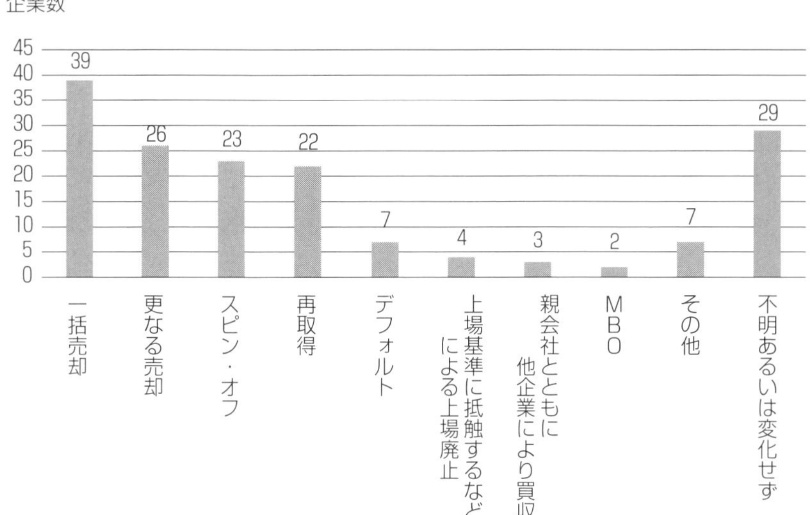

出所：大坪（2011），134頁。

2.2　日本企業

日本企業を対象とした子会社上場に関する研究[4]においても，子会社上場に対して親会社の株価が上昇するという米国企業と同様の結果がおおむね得られている。ただし，子会社上場後の資本関係に関しては，米国では短期間のうちに「子会社」あるいは「上場」という状態を変化させるのに対し，日本では長期にわたり上場子会社として存続する点において異なる可能性がある。事実，日本では少なくとも2000年までは長期間にわたり同一の親会社のもと上場子会社という状態が継続してきた[5]。すなわち，子会社上場の後，長期間にわたり同じ親会社のもとで上場子会社として存続するのか否かという点で日米企業の子会社上場後の資本関係は異なっており，その場合は事業再編については日本に

4　小本（2001）や大坪（2011）を参照。

5　大坪（2011），150頁。

おける子会社上場時の株価上昇を説明できない可能性がある。

一方，日本の親会社がこれまで長期間にわたり上場子会社との資本関係を継続させてきたのであれば，親会社－上場子会社間に強い事業関係が存在してきた可能性がある。すなわち，親会社が事業活動を行ううえで上場子会社が必要不可欠であったため，資本関係を継続させてきたと考えられる。

これに対し，情報の非対称性と親会社資金調達については，日本企業における子会社上場についても当てはまるであろう。また，インセンティブについては，時期により異なる可能性がある。周知のように，米国では高額の報酬を得る経営者の大部分が株価に関連した報酬を得ているのに対し，日本の経営者は相対的に株価に関連した報酬の割合が低く，報酬額も米国企業と比較して低いといわれる[6]。さらに，日本企業が経営者報酬の一手段としてストック・オプションを導入するようになったのは1997年以降である。そのため，1997年より前については，インセンティブの一手段として子会社上場を行う日本企業は少なかったと考えられる。

以下では，米国における子会社上場の際に主張された親会社の株主価値を高める要因以外で，日本における子会社上場あるいはそれを維持する要因についてみてみる。

■子会社資金調達

子会社上場時には子会社が公募増資を行う場合が多いため，子会社上場は親会社だけでなく子会社にとっても資金調達の機会となる。子会社上場が子会社にとって資金調達の機会となるのであれば，資金調達の必要性の高い，すなわち成長性の高い子会社が上場の対象となることが予期される。ただし，日本企業が長期にわたり上場子会社の状態を継続してきたことから，上場子会社の資金調達は「上場時」に限定される可能性がある。なぜなら，上場子会社が上場後に公募増資を繰り返せば，親会社の持株比率が低下して子会社でなくなる可能性があるためである。また，本来親会社が上場しているのであれば，資金調達の目的のみで子会社が上場する必然性はない。

6　小佐野（2001），27頁。

■取引関係

子会社上場時における親会社株価の反応とは関連性がないものの，日本企業が上場後も子会社との資本関係を継続させる一因として，事業活動上の取引関係が挙げられる。親会社－上場子会社間の取引関係が強いなど，親会社が事業活動を行ううえで上場子会社が重要であると考えるのであれば，親会社は上場子会社との資本関係を維持するかもしれない。反対に，親会社にとって事業活動上の重要性が低い上場子会社であれば，上場子会社の持株比率を低下させ，資本関係がなくなる，すなわち上場子会社でなくなる可能性がある。

3　完全子会社化

1999年における商法改正以降，新たに株式交換制度が利用可能となった。株式交換制度を利用することにより，複数の企業のうち一方を完全親会社，他方を完全子会社とすることが可能となる。すなわち，親会社が子会社の株式を100%所有するような親子関係を構築することが可能となったのである。この制度は親子関係のなかった企業を完全子会社とするために用いることも可能であるものの，これまで親会社が100%未満の株式所有であった子会社を100%所有するために利用するケースが多くみられる。したがって，上場子会社が完全子会社となるケースが多い。事実，日本では2000年代に入ってから上場子会社の数が減少している[7]。

完全子会社化は，親会社による株式取得の目的が他企業の株式を取得する際の一般的な目的と合致しない可能性がある点において興味深い事象でもある。一般に，企業が他企業の株式を取得する目的として「支配」[8]と「金融資産投資」の２つが挙げられる。しかしながら，親会社による子会社を対象とした完全子会社化のケースについては，これら２つの目的のどちらにも該当しないと考えられる。完全子会社化の対象となる子会社は親会社によって100%株式を所有されているわけではないものの，実質的にはこれまでも親会社が支配を行って

7　竹澤・松浦（2017），17頁。
8　ここでの支配とは，50%超の議決権を所有することを意味する。

きた。そのため，親会社が子会社を支配するという目的で完全子会社化を実施するわけではない。一方，金融資産投資として子会社株式を取得するのであれば，株式を100%所有する必要性は乏しいであろう。

親会社－子会社間を対象とした完全子会社化に関するこれまでの研究[9]では，おおむね完全子会社化が親会社と当該上場子会社の株価を上昇させることが明らかとなっている。したがって，企業が子会社を上場させた場合でも，反対に上場子会社を対象とした完全子会社化を実施した場合でも，株式市場は当該企業をプラスに評価するのである。

ここでは，親会社が上場子会社を対象とした完全子会社化を実施する動機についてみてみる。

■情報の非対称性

上場子会社の株式が株式市場から過小評価されている場合，完全子会社化が実施される可能性がある。この場合，完全子会社化の実施は親会社の株主価値へプラスの影響を及ぼすであろう。なぜなら，親会社は株式交換によって割安な価格で子会社株式を入手することができるためである。一方，上場子会社については完全子会社化の実施を上場子会社株式の過小評価のシグナルとして株式市場が認識すると考えられるため，株価は大幅にプラスに反応することが予期される。ただし，この動機においては親会社が上場子会社の株式を取得することを説明することはできても100%取得することを説明することはできない。

■事業再編

完全子会社化後に親会社－子会社間で合併や事業部門の移転などの事業再編が実施される可能性がある。上場子会社と親会社あるいは他の子会社との間で事業の重複などがあり，事業部門の移転などの事業再編を実施しようとする際，上場子会社の少数株主の存在が問題となる。この場合，親会社は上場子会社を対象とした完全子会社化を実施し，その後に事業再編を実施することが予期される。これが完全子会社化の動機となるのであれば，完全子会社化の実施は親

9　大坪（2011），252頁。

会社および上場子会社の株主価値へプラスの影響を及ぼすであろう。事実，これまでの研究[10]より，完全子会社化直後に事業再編を行っている企業ほど，株価はプラスの反応を示すことが明らかとなっている。

■低成長子会社

子会社上場の際，株主価値を高める要因としてインセンティブや子会社資金調達を挙げたが，これらは高成長企業において特に有効であると考えられる。言い換えれば，低成長企業においてはストック・オプションのような株価連動型のインセンティブが有効に機能しない可能性がある。また，事業の成長性が乏しく内部金融の潤沢な上場子会社は資本市場からの資金調達の必要性が乏しいと思われる。

このように，上場子会社の成長性が低く，上場を維持するためのコストがインセンティブや資金調達上のメリットを上回るのであれば，完全子会社化が実施される可能性がある。

■利害対立

大株主である親会社と上場子会社に位置する少数株主との利害対立問題が深刻である場合に完全子会社化が実施される可能性がある。具体的には，親会社－上場子会社間で事業活動上の取引関係がある場合，取引時の価格を通じて利害が対立する可能性がある。事実，これまでの研究[11]より，親会社－上場子会社間において取引関係が強いほど，完全子会社化の対象となる傾向にあることが明らかとなっている。

また，上場子会社の配当政策についても親会社－少数株主間で利害対立問題が生じる可能性がある。上場子会社による高額の配当は少数株主には望ましいものの，親会社にとってはキャッシュの流出という点で望ましくない可能性がある。親会社は上場子会社に対して過半数の議決権を持つため，上場子会社に低配当政策を採用させることは可能であるものの，その場合には上場子会社の

10　大坪（2011），253頁。
11　大坪（2011），256頁。

株価下落を招くおそれがある。なぜなら，上場子会社の株価は少数株主とこれから少数株主になるであろう投資家との取引によって決定されるためである。この株価下落は，親会社の所有する上場子会社の株式価値を低下させるため，親会社にとって望ましくないと考えられる。

4 日立製作所の事例

ここでは，多数の（上場）子会社を有する企業の1つである日立における子会社上場および完全子会社化のケースについてみてみる。同社は1,000社近い子会社を有し，その一部は上場子会社である[12]。そこで，同社の上場子会社がどのように形成され，変化していった（変化しなかった）のかについてみてみる。上場子会社は子会社の上場のみでなく，上場企業の株式取得によっても形成される。そこで，ここでは株式取得によるケースについてもみてみる。また，上場子会社が「上場」された「子会社」でなくなる場合についても，親会社による完全子会社化以外に，親会社または他企業との合併，あるいは親会社による株式売却などによっても上場子会社でなくなる。そのため，完全子会社化に加えてこれらのケースについてもみてみる。

4.1 上場子会社数の変化

日立の上場子会社に関する情報については，週刊東洋経済『日本の企業グループ』1986年から2019年までに収録されている日立の上場子会社を取り上げ，これらの企業について有価証券報告書より日立の直・間接持株比率の合計を持株比率とした。また，子会社数については，同社の有価証券報告書の連結子会社数を用いている。

表6-1は1985年から2018年までの日立の連結子会社数，上場子会社数，上場子会社となる，あるいは上場子会社でなくなる方法別の企業数を示している。1988年から1989年にかけての連結子会社数の急増は，従来持分法によって評価

12 年によって変化があるものの，同社の2017年3月期の有価証券報告書によれば，連結子会社の数は864社であり，上場子会社は6社である。

表6-1　日立における子会社数の推移

年	子会社数		上場子会社となる方法				非上場子会社化となる方法			
	上場子会社	連結子会社	子会社上場	株式取得	実質支配	合計	完全子会社化	合併	株式売却	合計
1985	16	46				0				0
1986	16	46	1	1		2				0
1987	18	46	1			1				0
1988	20	46	1			1				0
1989	20	679				0				0
1990	20	712	2			2				0
1991	22	742	2			2				0
1992	24	799				0				0
1993	24	818				0				0
1994	24	858				0				0
1995	24	844				0		1		1
1996	23	866				0				0
1997	23	913				0				0
1998	23	975	2			2				0
1999	26	1,010	1			1				0
2000	26	1,047				0		2		2
2001	24	1,069				0	2			2
2002	22	1,066	1			1	1			1
2003	22	1,112				0				0
2004	22	956	1	1		2	1			1
2005	23	985			1	1				0
2006	24	932		1		1	1	1		2
2007	21	934				0		1	1	2
2008	19	910				0	1			1
2009	20	943		2		2	1			1
2010	23	900				0	6			6
2011	11	913				0				0
2012	15	939				0	3			3
2013	10	963				0		1		1
2014	11	959				0	1			1
2015	9	1,008				0			1	1
2016	8	1,056				0			2	2
2017	6	864				0			1	1
2018	5	879				0			1	1
合計	644	27,835	12	5	1	18	17	6	6	29

注：1988年から1989年にかけての連結子会社の数の急増は，従来持分法によって評価されていた非連結子会社の大部分が連結対象となったためである。

出所：上場子会社の数については東洋経済新報社「日本の企業グループ」1986年から2019年までに掲載された日立製作所の上場子会社をもとに筆者作成。連結子会社の数や方法については，日立製作所の有価証券報告書より筆者作成。

されていた非連結子会社の大部分が連結対象となったためであり，同社の子会社数が急増したわけではない。時期によって子会社数に増減はあるものの，同社がおおむね1,000社近い子会社を有していることがわかる。一方，上場子会社の数については，当初増加傾向にあったものの2000年前後をピークとして減少に転じ，その後は一貫して減少している。

2000年までの上場子会社数の増加については，他企業の株式取得によるものが1社のみで，他はすべて子会社上場によるものである。これが，2000年以降になると，子会社上場の件数が減少すると同時に，上場子会社を対象とした完全子会社化が増加し，その結果として上場子会社の数が減少に転じている。上場子会社の数が増加する方法として，子会社上場以外に他企業の株式取得や実質支配[13]などがあるものの，大部分が子会社上場による。また，上場子会社であった企業が上場子会社でなくなる方法として，他企業との合併や親会社による株式売却があるものの，最も多いのは完全子会社化の17社である。

このように，日立の上場子会社の数については，主として子会社上場と完全子会社化がその増減に影響していること，2000年前後を境に増加から減少に転じていることがわかる。

4.2 変化の理由

表6－2は，上場子会社となる際の子会社側の理由を示している。子会社が上場することによって上場子会社となる場合，親会社にとっても子会社にとっ

表6－2　上場子会社となる子会社側の理由

単位：企業数

	子会社上場	株式取得	実質支配
設備投資のため	6		
運転資金のため	2		
負債返済のため	2		
社会的信用を得るため	2		
研究開発費のため	1		
関係強化のため		1	
不明	3	4	1
合計	16	5	1

注：複数の理由を挙げた企業が存在したため，子会社上場の数が12ではなく，16となっている。
出所：日経テレコンを用いて筆者作成。

13　実質支配に該当する企業はTCMであり，同社は直接の大株主であった日立建機の関係者が過半数を占める取締役選任議案が承認可決されたことから日立建機の上場子会社となった。なお，日立建機は日立製作所の上場子会社であった。

ても資金調達の機会を得ることができる。これに対し，流通している上場企業の株式を取得することによって上場子会社となる場合は両企業にとって資金調達の機会は存在しない。同表より，子会社上場の大部分が子会社にとって資金調達に関連していることがわかる。ただし，設備投資や研究開発など成長に関連する資金調達と，負債返済など成長に関連しない資金調達では，同じ上場であっても子会社の経営に異なる影響を及ぼすかもしれない。一方，経営者に対するストック・オプションの導入のようなインセンティブを理由とする子会社上場は存在しない。また，日立が他企業の株式取得を通じて当該企業を日立の上場子会社とするケースについては関係強化がその理由として挙げられ，取引関係強化の一手段として子会社化が実施されていることがわかる。

表6－3の子会社あるいは他企業を上場子会社とする際の親会社側の理由については，子会社上場の理由の大部分が不明である。また，上場企業の株式を取得することによって上場子会社とする株式取得については，当該上場企業の事業が日立にとって重点事業であるため，あるいは関係強化のために子会社化を行っている。

表6－3　上場子会社とする親会社側の理由

単位：企業数

	子会社上場	株式取得	実質支配
重点事業・関係強化のため		5	1
会計上の業績改善のため	2		
不明	10		
合計	12	5	1

出所：日経テレコンを用いて筆者作成。

最後に，**表6－4**は上場子会社が「上場」でなくなるか，日立の「子会社」でなくなるかに際しての親会社側の理由を示している。非上場子会社化は日立による完全子会社化や合併あるいは上場子会社株式の売却により実施される。完全子会社化や合併については成長分野の取り込みや重複の解消，重点事業・関係強化など日立にとって前向きな理由で行われるケースもあれば，上場子会社の業績悪化に対する救済のためなど後ろ向きの理由で実施されるケースもあ

表6－4　非上場子会社化を行う親会社側の理由

単位：企業数

	完全子会社化	合併	株式売却
成長分野を取り込むため	7	2	
重複の解消のため	4	1	
重点事業・関係強化のため	2	2	
子会社の業績悪化のため	2	1	
非主要事業のため			3
資本提携のため			2
MBOのため			1
不明	2		
合計	17	6	6

出所：日経テレコンを用いて筆者作成。

る。一方，株式売却については，非主要事業であるためや他企業との資本提携の一手段として上場子会社株式の売却が行われている。

このように，親会社である日立にとって，株式取得による上場子会社化や非上場子会社化については，いわゆる選択と集中の手段として実施されていることがわかる。しかしながら，その一方で経営が悪化した子会社の救済のためであったり，親会社の会計上の業績改善の一手段として上場子会社化や非上場子会社化が使われており，必ずしもすべてのケースで親会社のパフォーマンスの改善・向上に寄与する理由で実施されているわけではない。

4.3　方法別の株価反応

ここでは，日立における上場子会社の増加方法と減少方法別の親会社あるいは上場子会社の株価の反応についてみてみる。大坪（2011）より，子会社上場に対しても，上場子会社を対象とした完全子会社化に対しても，親会社の株価はプラスに反応することが明らかとなっている。

図6－2は，上場子会社となる方法別の親会社株価の反応を示している。もともと日立の子会社であった企業が上場し，上場子会社となるケースについては親会社株価が上昇傾向にあるのに対し，上場企業の株式を取得するケースについては反対に下落傾向にあることがわかる。この結果は，上場子会社になる

図6-2　**上場子会社となる方法別の親会社株価の反応**

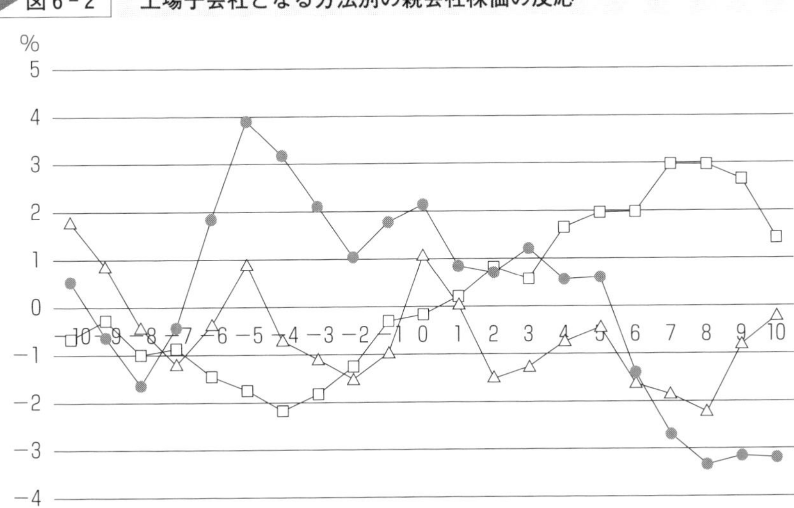

方法によって親会社株価の反応が異なることを意味する。既存の子会社を上場させる場合，親会社には株式売却によるキャッシュインフローが発生するのに対し，株式取得の場合は反対にキャッシュアウトフローが発生するなどの違いがあり，このような相違が株価反応の相違を生じさせている可能性がある。

また，一般にM&Aでは買収企業の株価は無反応あるいはマイナス，被買収企業の株価はプラスに反応し，その理由の1つとして買収企業が割高な価格で株式を購入していることが指摘されている[14]。そのため，親会社が割高な価格で株式を取得しているために，株式取得による上場子会社化に対して親会社株価がマイナスに反応している可能性がある。

図6-3は，上場子会社となる方法別の子会社株価の反応を示している。子会社上場時の公表日時点では，子会社の株価が存在しないことから，**図6-2**と異なり「上場」は存在しない。子会社となる企業の株価は大幅にプラスに反応していることから，M&A時の株価の反応と同様であることがわかる。

14　井上・加藤（2006），8頁。

図6－3　上場子会社となる方法別の子会社株価の反応

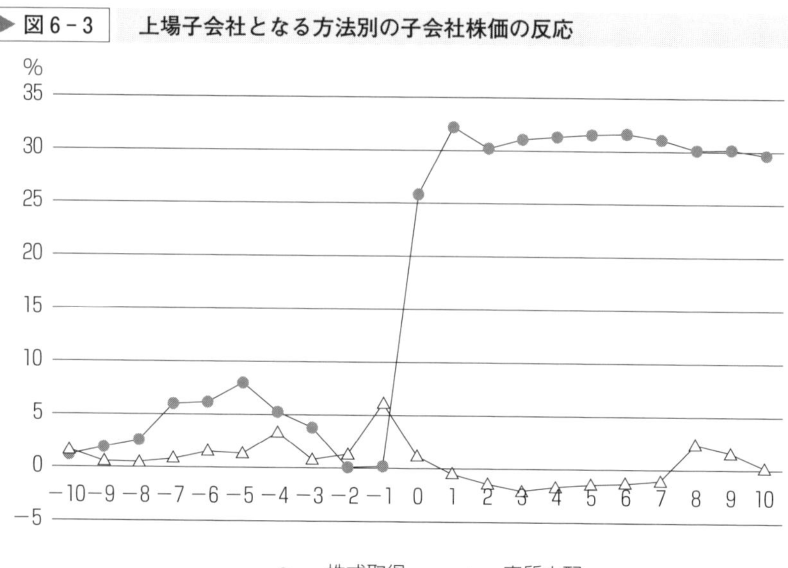

図6－4　上場子会社でなくなる方法別の親会社株価の反応

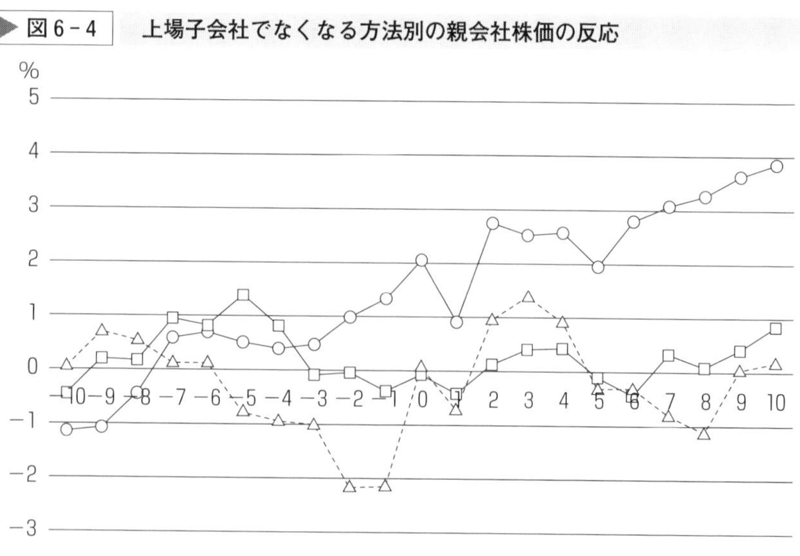

図6－4は上場子会社でなくなる方法別の親会社株価の反応を示している。完全子会社化と株式売却が親会社の株価にプラスの影響を与えるのに対し，親会社との合併や親会社による上場子会社株式の売却はほとんど影響を及ぼしていない。完全子会社化と合併は経済的には同じであるにもかかわらず，異なる反応を示している。

図6－5は，上場子会社でなくなる方法別の上場子会社株価の反応を示している。完全子会社化と親会社による上場子会社株式の売却において大きくプラスに反応，親会社との合併については若干プラスに反応している。このように，合併は親会社の株価にあまり影響を与えない一方，完全子会社化は親会社と上場子会社の両方の株価にプラスの影響を及ぼすことがわかる。

これまでの株価の反応は，**表6－5**のようにまとめられる。上場子会社化については株式取得において上場子会社となる企業の株価が大きくプラスに反応するのに対し，非上場子会社化では完全子会社化と上場子会社株式の売却において上場子会社の株価が大きくプラスに反応する。ただし，**表6－5**からもわかるように子会社株価は株式取得，完全子会社化，株式売却の場合には大きく

図6－5　上場子会社でなくなる方法別の子会社株価の反応

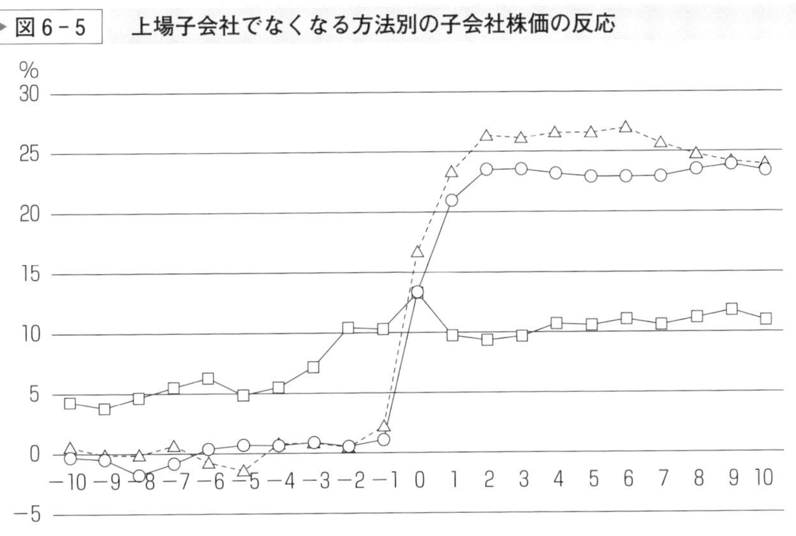

表6－5　方法別の株価反応のまとめ

		日立製作所	上場子会社
上場子会社化	上場	＋	
	株式取得	－	＋＋
	実質支配		
非上場子会社化	完全子会社化	＋	＋＋
	合併		＋
	株式売却	＋	＋＋

＋＋：大きくプラスに反応
＋：プラスに反応
－：マイナスに反応

プラスに反応するのに対し，その他の方法については親会社株価においても子会社株価においても顕著な反応はみられない。

4.4　理由別の株価反応

これまでみてきた株価の反応は上場子会社あるいは非上場子会社の方法別の結果であり，**表6－2**から**表6－4**でみたように様々な理由でこれらが実施されていることから，理由ごとに株価の反応が異なる可能性がある。**表6－3**より，上場子会社とする親会社側の理由として，子会社上場については会計上の業績改善が，株式取得と実質支配については重点事業・関係強化のためのみであり，それぞれ理由が1つである。したがって，会計上の業績改善に対する株価の反応は**図6－2**の上場が示しており，重点事業・関係強化に対する株価の反応は同図の株式取得と実質支配が示している。そこで，**表6－4**より複数の理由が存在する非上場子会社化の理由別の株価の反応についてみてみる。

図6－6と**図6－7**は，それぞれ完全子会社化の理由別の親会社と上場子会社の株価の反応を示している。上場子会社の業績不振を理由として完全子会社化が実施されるのであれば，実質的に親会社による上場子会社の救済であり，このような理由による完全子会社化は親会社の株価を下落させることが予期される。**図6－6**より，親会社についてはどの理由であれ0日前後を境に顕著に株価が上昇してはいない。4つの理由のうち，重複解消については他の理由よりも0日以降に株価が上昇しているものの，その上昇は+5日以降であり，0日

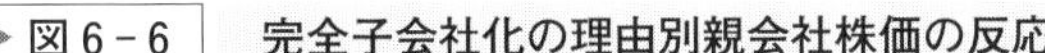

図６－６　完全子会社化の理由別親会社株価の反応

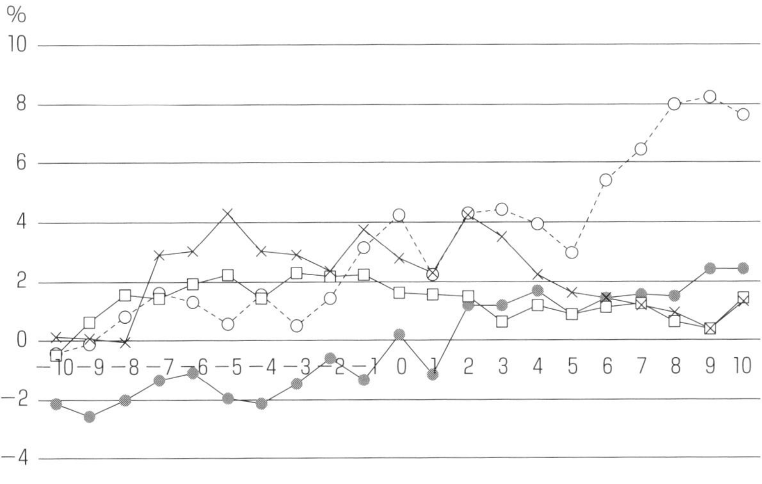

図６－７　完全子会社化の理由別上場子会社株価の反応

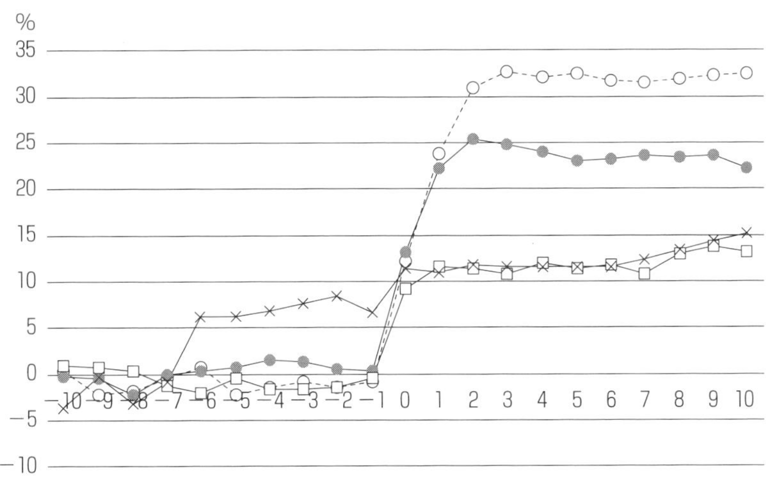

前後を境とした上昇ではない。このように，**図6－4**からは，完全子会社化が親会社の株価を高めることが明らかとなったものの，どの理由による完全子会社化が特に親会社の株価を高めるのかについては明確な結果はみられない。

これに対し，**図6－7**の上場子会社の理由別の結果については子会社業績を除く3つの理由において，0日前後を境として上場子会社の株価が大きく上昇していることがわかる。また，この上昇は，重複解消，成長分野の取り込み，重点・関係強化の順で上昇しており，重複解消を理由とする完全子会社化が上場子会社の株価を最も高めている。

本来，親会社が上場子会社を対象とした完全子会社化を実施し，そののちに重複事業の整理・解消を行った場合，その恩恵を最も受けるのは親会社の株主であると考えられるため，**図6－6**と**図6－7**は矛盾する結果となっている。その一因として，重複解消や成長分野の取り込みといった親会社に多大な恩恵があるイベントの場合，上場子会社の少数株主に有利な条件で株式交換が実施されることが考えられる。

図6－8と**図6－9**はそれぞれ，親会社と上場子会社間の合併の際の理由別の親会社と上場子会社の株価の反応を示している。**図6－8**より，親会社につい

図6－8　合併の理由別親会社株価の反応

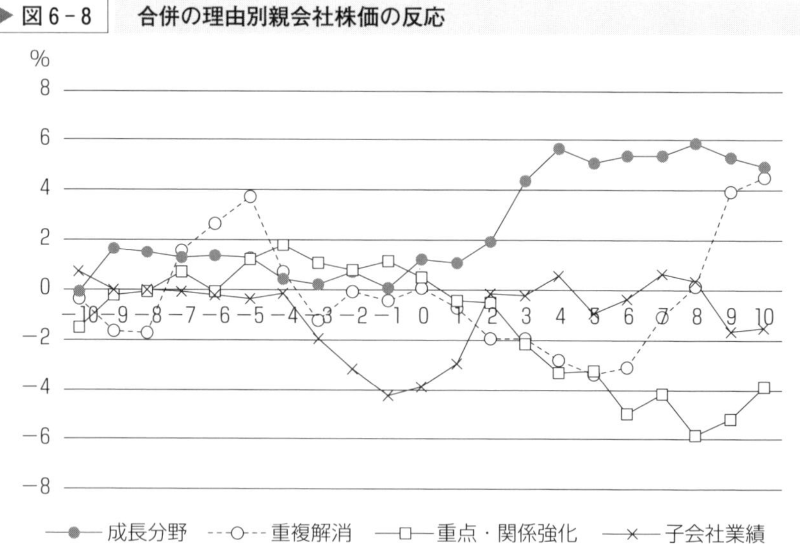

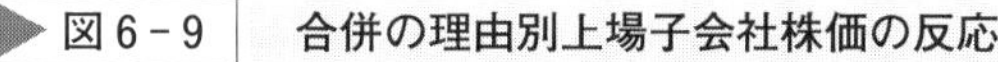

図6－9　合併の理由別上場子会社株価の反応

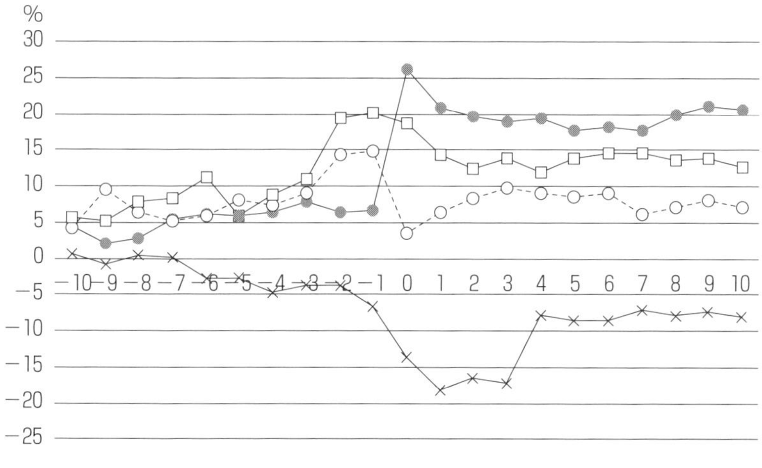

ては成長分野の取り込みのための上場子会社との合併が親会社の株価を高めること，反対に重点・関係強化のための合併は株価を下落させることがわかる。一方，**図6－9**より合併時の上場子会社株価についても成長分野の取り込みを理由とする合併が上場子会社の株価を高めること，反対に重複解消や子会社業績の悪化を理由とした合併については上場子会社の株価を下落させることがわかる。

本来，上場子会社の完全子会社化と親会社による上場子会社の合併は経済的には同様であると考えられるものの，**図6－6**から**図6－9**までをみると親会社においても上場子会社においても株価の反応が異なる。その理由は明らかでないものの完全子会社化と合併が少なくとも株主価値に異なる影響を及ぼすことがわかる。

図6－10と**図6－11**は，親会社による上場子会社株式の売却によって上場子会社でなくなるケースにおける理由別の親会社と上場子会社の反応を示している。**図6－10**より，上場子会社の事業が親会社にとって主要事業でないために株式売却が実施される，いわゆるダイベストメントの一環として株式が売却されるケースにおいて親会社の株価が上昇するのに対し，MBOでは反対に下落して

図 6-10　株式売却の理由別親会社株価の反応

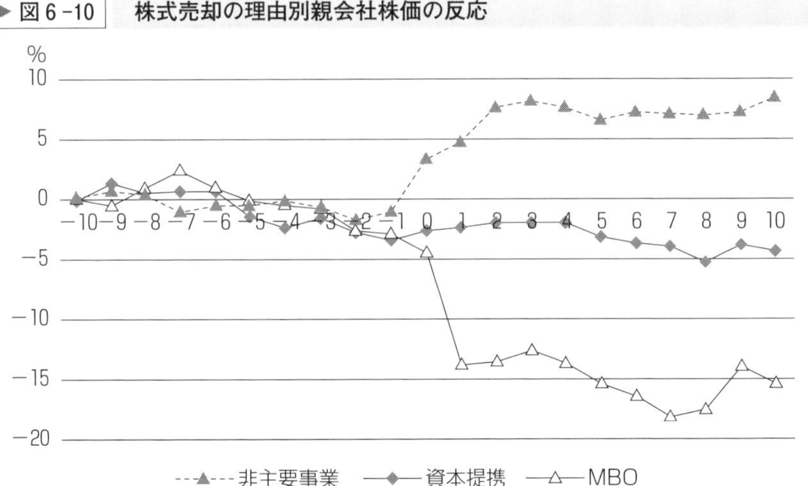

図 6-11　株式売却の理由別上場子会社株価の反応

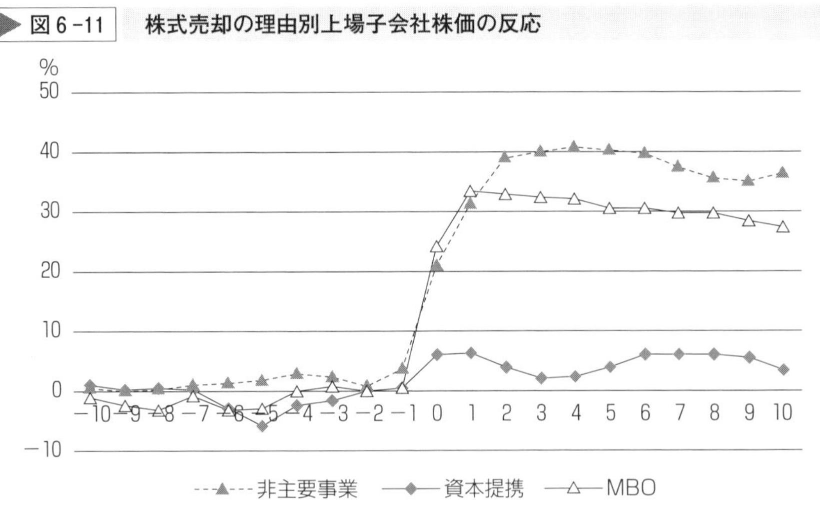

いる。一般に，ダイベストメントに対して，当該企業の株価は上昇する傾向にある[15]ため，いわゆる選択と集中が評価されていると考えられる。これに対し，

15　大坪（2005），15-20頁。

MBOの場合は下落しており，親会社にとって望ましくないイベントであることがわかる。最後に，資本提携の一手段として，親会社が所有する上場子会社株式の一部を他企業へ譲渡することについては，株価にほぼ影響を及ぼさない。

これに対し，**図6-11**より上場子会社の株価については非主要事業であることとMBOを理由とする株式売却については大きく株価が上昇するのに対し，資本提携の場合は親会社の結果と同様，ほとんど株価に影響を及ぼさない。これらのうち，非主要事業の結果については親会社にとって非主要事業であることが，当該上場子会社の成長を阻害している可能性があり，親会社の株式売却によりその後は成長が見込まれるため，上場子会社の株価が上昇した可能性がある。すなわち，非主要事業を理由とする株式売却については，親会社も上場子会社も株価が上昇するものの，その理由については2つの企業の間で異なる可能性がある。これに対し，MBOについては親会社の株価が下落するのに対して上場子会社の株価は上昇しており，MBO実施時の条件などにより親会社から上場子会社に存在する少数株主へ富の移転が生じており，そのために親会社と上場子会社の株価は対照的な反応を示している可能性がある。

これまでの理由別株価の反応の結果については，**表6-6**のようにまとめら

表6-6　理由別の株価反応のまとめ

		日立製作所	上場子会社
完全子会社化	成長分野		＋＋
	重複解消		＋＋
	重点・関係強化		＋＋
	子会社業績		
合併	成長分野	＋	＋
	重複解消		
	重点・関係強化	－	
	子会社業績		－
株式売却	非主要事業	＋＋	＋＋
	資本提携		
	MBO	－－	＋＋

＋＋：大きくプラスに反応
＋：プラスに反応
－：マイナスに反応
－－：大きくマイナスに反応

れる。完全子会社化については，親会社は特定の理由により株価が上昇するわけではないのに対し，上場子会社については子会社業績を除く3つの理由より株価が大きく上昇することが明らかとなった。合併については，親会社が成長分野を取り込むために合併を実施する場合のみ，親会社も上場子会社も株価が上昇する。最後に，株式売却については，親会社が非主要事業でないために株式を売却する場合にのみ，親会社も上場子会社も株価が上昇するのに対し，MBOでは親会社で株価の下落，上場子会社で株価の上昇がみられた。

表6－5および**表6－6**の結果より，完全子会社化に対して親会社の株価がなぜ上昇するのかについては明らかではない一方，上場子会社の株価が上昇するのは，成長分野，重複解消，重点・関係強化など，親会社にとって完全子会社化の実施が重要であるために上場子会社に位置する少数株主に有利な条件で完全子会社化が行われており，これに上場子会社の株価が反応している可能性があることが明らかとなった。また，合併に対して上場子会社の株価が上昇する理由についても親会社が成長分野を取り込むためであり，完全子会社化と同様である可能性があることが明らかとなった。最後に，株式売却に対して親会社の株価がプラスに反応するのは非主要事業の分離，すなわち事業分離を市場が評価していることが明らかとなった。一方，株式売却に対して上場子会社の株価がプラスに反応するのは，非主要事業とMBOであり，異なる2つの理由からプラスに反応することが明らかとなった。

4.5　子会社上場後の変化

上場子会社となる方法として，子会社となっている企業を上場させる子会社上場と上場企業の株式を取得することによって上場子会社とする株式取得，さらには持株比率には変化がないものの，取締役の過半数が親会社の関係者から構成されたために上場子会社となる実質支配の3つのケースが挙げられた。**表6－2**からもわかるように，このうち子会社上場では子会社側にとっては資金調達の目的が挙げられた。この資金調達は，主として公募増資と考えられる。

一方，**表6－3**より親会社側にとっては株式取得や実質支配では，親会社が被取得企業との関係強化などを目的としている可能性があることが挙げられた。その場合，上場子会社となったのちは親会社と上場子会社間の取引が増加する可能性がある。そこで，上場子会社となって以降に上場子会社が公募増資を実施したのか否か，あるいは株式取得や実質支配以降に親会社と被取得企業の取引関係が強化されたのか否かについてみてみる。

■公募増資

子会社上場を行う子会社側の理由として，上場以降は自らが公募増資を行うことができるようになることが挙げられる。子会社上場が資金調達を主たる目的としているのであれば，上場以降は公募増資を頻繁に実施することが考えられる。子会社の上場を行った企業のうち，**表6－2**で資金調達に関連する理由を挙げた11社[16]の中で上場後に公募時価発行を行ったのは日立物流の1社のみであり，同社も公募増資を1回行ったのみであった。したがって，実際には上場子会社は上場後に公募増資をほとんど実施しておらず，子会社の継続的な資金調達が子会社上場の主たる目的ではないと考えられる。

■取引関係

上場企業の株式を取得することにより上場子会社とする親会社側の理由として，重点事業・関係強化が挙げられた。もし重点事業として位置づけている，あるいは当該企業との関係強化のために株式を取得するのであれば，株式取得以降は親会社あるいは兄弟会社と被取得企業間の事業活動上の取引関係が増加することが予期される。

表6－7は，**表6－3**の中で「重点事業・関係強化」を理由として親会社が上場子会社とした6社を対象とし，株式取得が実施された年を＋1期とした場合の－1期から＋3期までの親会社あるいは兄弟会社と被取得企業間の事業活動上の取引率（=取引額/上場子会社の売上高）を表している。親会社が取引関係強化のために株式取得や実質支配を行い，その結果として当該企業が上場子会社となったのであれば，＋1期以降に取引率が増加すると考えられるが，取引率が増加したのはTCMの1社のみであり，その他の企業はほとんど親会社

16　これら11社とは，**表6－2**の上場子会社16社のうち「社会的信用」と「不明」以外の理由を挙げた11社のことである。

表6-7　グループ企業との取引率

＋1：上場子会社となった年

イベント	上場子会社化	年	−3	−2	−1	＋1	＋2	＋3
株式取得	NEOMAX	2004	0.000	0.000	0.000	0.363	0.000	0.000
			0.000	0.000	0.000	0.363	0.000	0.000
株式取得	花島電線	1987	N.A.	N.A.	N.A.	N.A.	N.A.	N.A.
			N.A.	N.A.	N.A.	N.A.	N.A.	N.A.
株式取得	日立国際電気	2009	0.032	0.000	0.000	0.000	0.000	0.000
			0.032	0.000	0.000	0.000	0.000	0.024
株式取得	日立工機	2009	0.000	0.000	0.000	0.000	0.000	0.000
			0.040	0.024	0.021	0.006	0.000	0.000
株式取得	クラリオン	2006	0.000	0.000	0.000	0.000	0.000	0.000
			0.000	0.000	0.000	0.000	0.000	0.000
実質支配	TCM	2005	0.000	0.000	0.000	7.758	16.975	23.772
			0.000	0.000	0.000	11.806	19.958	23.772

注：上段は親会社との取引，下段はグループ企業を含む取引。
同表の企業は，親会社が子会社化を行う理由として「重点事業・関係強化」を挙げた株式取得と実質支配の対象となった企業である。
年は上場子会社となった年を意味する。
取引率は，事業活動上の取引額を当該企業の売上高で割って算出している。
花島電線については，不明。
TCMは直接の大株主であった日立建機の関係者が過半数を占める取締役選任議案が承認可決されたことから日立建機が親会社となった。

との取引関係が存在しておらず，増加もしていない。したがって，親会社が関係強化のために上場企業の株式を取得して上場子会社とした場合においても，実際には取引関係が強化されていたわけではない。

4.6　完全子会社化・合併後の変化

上場子会社となったのちに「上場」あるいは「子会社」の状態が変化するケースとして，親会社によって株式を100%所有される完全子会社化，親会社あるいは兄弟会社との合併，親会社による株式売却の3つのケースが挙げられた。**表6-4**より，完全子会社化や合併が実施される最も多い理由として，第一に成長分野の取り込みが挙げられた。これは，親会社が上場子会社の事業を今後の成長分野として位置づけ，その事業を自社に取り込むために完全子会社化や合併を実施することを意味する。したがって，親会社が取り込んだのちは当該事業を拡大することが予期される。

一方，完全子会社化を実施する第二の理由として，事業の重複解消が挙げられた。これは，完全子会社化を実施することで上場子会社の少数株主を排除したうえで，親会社あるいは兄弟会社と当該子会社間の事業再編を実施することを意味する。ここでは，完全子会社化や合併後に当該事業分野の拡大がみられたか，完全子会社化後に重複解消をもたらす事業再編が実施されたのかについてみてみる。

■成長分野の取り込み

親会社が上場子会社の事業を成長分野として位置づけ，その事業を取り込むために完全子会社化や合併を実施するのであれば，完全子会社化後や合併後に親会社の事業別セグメントの中で当該子会社が従事していたセグメントの事業規模が拡大することが予期される。

表6－8は，**表6－4**の「成長分野の取り込み」を理由として完全子会社化や合併の対象となった上場子会社9社を対象とし，＋1期を完全子会社化あるいは合併が実施された年とした場合，－3期から＋3期までの親会社の当該セグメントの割合（=当該セグメントの資産額/連結総資産額）の変化を示している。ここでの当該セグメントとは，上場子会社が従事していた事業に該当する親会社の事業別セグメントを意味する。たとえば，2012年まで上場子会社であった

表6－8　完全子会社化・合併後における親会社事業の変化

＋1：完全子会社化または合併年

イベント	上場子会社	年	－3	－2	－1	＋1	＋2	＋3
完全子会社化	日立マクセル	2010	0.09	0.08	0.07	0.07	0.06	0.00
完全子会社化	日立情報システムズ	2010	0.19	0.18	0.20	0.14	0.14	0.00
完全子会社化	日立モバイル	2006	0.22	0.23	0.24	0.25	0.26	0.29
完全子会社化	日立プラントテクノロジー	2010	0.26	0.29	0.32	0.11	0.11	0.10
完全子会社化	新神戸電機	2012	0.53	0.55	0.40	0.43	0.44	0.43
完全子会社化	日立エーアイシー	2001	0.53	0.54	0.43	0.47	0.45	0.44
完全子会社化	日立ソフトウェアエンジニアリング	2010	0.19	0.18	0.20	0.14	0.14	0.00
合併	NEOMAX	2007	0.14	0.30	0.29	0.30	0.29	0.26
合併	日立電線	2013	0.14	0.14	0.14	0.13	0.12	0.13
	平均値		0.25	0.28	0.25	0.23	0.22	0.18
	中央値		0.19	0.23	0.24	0.14	0.14	0.13

注：上場子会社が属する親会社の事業別セグメントの資産額が親会社全体の資産額に占める割合。
　同表の企業は，親会社が完全子会社化や子会社の合併を行う理由として「成長分野の取り込み」を挙げた企業である。
　年は完全子会社化または合併が行われた年を意味する。

日立電線の場合，同社の主たる事業は電線やケーブルの製造および販売であり，これに該当する日立の事業別セグメントは「電線材料（高機能材料）」に当たる。日立が日立電線の事業を今後の成長分野として位置づけ，同社を完全子会社とするのであれば，完全子会社化後に日立の電線材料（高機能材料）部門の割合が拡大することが予期される。同表より，個別にみた場合，日立モバイルでは+1期以降に割合が高まっている一方，日立プラントテクノロジーや日立ソフトウェアエンジニアリングのように低下しているケースもみられる。ただし，全体としては，平均値においても中央値においても，実施前と比べて実施後は割合が減少しており，必ずしも成長していないことがわかる。このように，成長分野を取り込むために完全子会社化や合併が実施されたとしても，少なくとも実施当初は当該分野の成長はみられない。

■重複の解消

親会社と上場子会社間において事業の重複がみられ，これを解消する一手段として上場子会社に位置する少数株主の排除，すなわち完全子会社化[17]が実施されるのであれば，実施後は事業再編が生じることが予期される。特に，日立は「苦境にあってなお，グループ内で顧客を取り合ったり，作業を分け合ったり，ムダがまかり通っていた。・・・中略・・・グループ内で事業が重複して，非効率だった」とされる[18]ため，重複解消の効果は高いことが予期される。

表6－9　完全子会社化後における事業再編の有無

イベント	上場子会社	完全子会社化年	事業再編実施年	事業再編の内容
完全子会社化	日立システムアンドサービス	2010	2010	他の子会社と合併
完全子会社化	日立プラントサービス（日立プラント建設サービス）	2010	2014	親会社の事業を移管
完全子会社化	東日京三電線	2004		なし
完全子会社化	花島電線	2001	2002	親会社の事業を移管

注：同表の企業は，親会社が完全子会社化を行う理由として「重複の解消」を挙げた企業である。

17　表6－4より，合併においても重複の解消を目的とするケースが1件存在するものの，合併後の事業再編に関する情報を得ることが困難であるため，ここでは分析対象としていない。

18　柴田（2009），17頁。

表6-9は，重複の解消を目的として完全子会社化の対象となった4企業における完全子会社化後の事業再編の有無を示している。4社のうち，3社において完全子会社化後は数年のうちに事業再編が実施されていることがわかる。このように，完全子会社化後は，親会社あるいは兄弟会社と当該企業間で事業再編が実施され，事業の重複が解消されたと考えられる。

5　おわりに

ここでは，なぜ一部の日本企業が子会社を積極的に上場させることで多数の上場子会社を有してきたのか，さらには2000年前後を境として，どのような理由から上場子会社を対象とした完全子会社化を実施するようになったのか，子会社上場や完全子会社化が親会社の株主価値の増大に寄与したのかについて日立のケースについてみてきた。

ある企業が他企業の上場子会社となる場合，主として2つの方法がある。1つは上場企業の株式の過半数を他企業によって取得される場合であり，もう1つは非上場であった子会社を上場させ，上場後も株式を所有することで上場子会社として存続させることである。これまで，日本企業は事業部門を分社化し，多数の子会社を設立してきた。そのうち，一部の子会社の株式を上場させ，上場子会社として存続してきた。しかしながら，1999年における商法改正以降，新たに株式交換制度が利用可能となり，同制度を用いて親会社が上場子会社の株式を100%取得する，すなわち完全子会社化が実施されるようになった。

親会社が子会社を上場させる動機として，情報の非対称性，インセンティブ，親会社資金調達，事業再編，子会社資金調達が挙げられた。一方，親会社が上場子会社を対象とした完全子会社化を実施する動機として，情報の非対称性，事業再編，低成長子会社，利害対立が挙げられた。

そこで，日立における1985年から現在までの上場子会社の状況，上場子会社を対象とした完全子会社化などについてみてきた。同社では，主として子会社を上場させることにより多数の上場子会社を有してきたが，2000年以降は上場させる子会社の数が減少すると同時に完全子会社化の対象となる上場子会社が増加するようになる。すなわち，同社では2000年をピークとして上場子会社の数が減少に転じるようになる。子会社を上場させる子会社側の動機としては主として資金調達が挙げられた。一方，子会社を上場させる親会社側の動機については大部分が不明であった。さらに，上場子会社を対象とした完全子会社化の親会社側の動機として，成長分野の取り込みや重複の解消などが挙げられた。

子会社上場と完全子会社化は反対の経営行動であるにもかかわらず，どちらのケースにおいても親会社の株主価値を高めることが明らかとなった。さらに，完全子会社化については親会社以上に当該上場子会社の株主価値が高まることについても明らかとなった。また，完全子会社化を実施する動機として，成長分野の取り込み，重複の解消，重点・関係強化のいずれも上場子会社の株主価値を高めた。ただし，これら3つの理由のうち，完全子会社化後に実際に実施されるのは重複の解消のみであった。すなわち，上場子会社を対象とした完全子会社化を実施し，そののちに親会社－当該子会社間の事業再編を実施することで重複の解消を行っていることが明らかとなった。

第7章

人件費の削減

三洋電機の事例

1　本章のねらい

本章の目的は，日本企業がどのように人件費を削減してきたのか，あるいは人件費の削減が株価やその後の業績改善に寄与したのか否かについて明らかにすることである。事業規模の縮小や生産の減少，過剰人員，継続的な業績不振に際し，企業は人件費を削減する必要性に迫られる。企業の人件費は，従業員数×賃金額であるため，人件費を削減するためには，従業員数を減らすか，あるいは1人当たりの賃金額を減少させる必要がある。

ここでは，企業が人件費を削減するためにはどのような方法が存在するのか，それぞれの方法にはどのようなメリットやデメリットが存在するのかについてみてみる。そのうえで，1990年以降，様々な人件費の削減策を試みた三洋電機の事例を取り上げ，同社における人件費の削減が業績や株価にどのような影響を及ぼしたのかについてみてみる。

2　人件費の削減方法

一般に，企業の人件費には，正規雇用の従業員のものだけでなくパートタイムなどの非正規の従業員のものも含まれる。しかしながら，ここでは有価証券

表7－1 従業員数の削減方法

自然減	81.6%
採用抑制	76.9%
早期退職制度	34.2%
有期雇用従業員の契約不更新	29.7%
出向・転籍	26.0%
解雇	6.9%
その他	1.3%

注：複数回答の結果である。
出所：日本労働研究機構（2002）『事業再構築と雇用に関する調査報告書』の図9をもとに筆者作成（http://www.jil.go.jp/kokunai/statistics/doko/h1406/index.html）。

報告書などの公表資料からデータが入手しやすい正規雇用の従業員の人件費に焦点を当てる。すなわち，有期雇用の非正規社員に該当する派遣・契約・嘱託，アルバイト以外の，いわゆる正社員の人件費に焦点を当て，その従業員数や賃金を削減する方法についてみてみる。

表7－1は，少し古いデータではあるものの日本労働研究機構が2002年に日本企業を対象に雇用に関するアンケート調査を行った結果を表している。自然減により従業員削減を行う企業が最も多く，続いて採用抑制，早期退職制度などが実施される傾向にある。反対に，解雇が実施されることは日本企業ではまれである。以下では，個々の従業員削減方法についてみてみる。

2.1 減員不補充

従業員数を削減する方法の1つとして，減員不補充（自然減）がある。これは，従業員の都合による退職や定年退職によって従業員数を自然に減少させる方法である。通常，このような従業員数の減少に対しては新規に従業員を採用することで従業員数を一定に保つのに対し，ここでは新規採用を控える，あるいは退職者の数ほどは新規に採用しないなどにより，従業員数を減少させる。

この方法のメリットとして，現在働いている従業員に対する直接的な痛みがなく，従業員のロイヤリティが維持されやすい点が挙げられる。後述する解雇では，解雇の対象となる従業員は職を失い，対象とならなかった従業員についても今後，いつ解雇されるかわからないという点で勤務先企業に対するロイヤリティが低下する可能性がある。これに対し，減員不補充では現在働いている従業員は解雇されず，賃金も削減されないため，ロイヤリティが維持されやすい。

一方，デメリットとして迅速な従業員数の削減が困難な点，従業員全体の年齢構成のバランスが崩れる点が挙げられる。従業員の削減数がその年の定年・自主退職者数に依存するため，大規模な削減は難しく，必要な削減数に達するまで数年を要するおそれがある。さらに，複数年にわたって新規採用を控えた場合，その後は数十年にわたって特定の年代の従業員が減少し，企業全体の年齢構成のバランスが崩れるおそれがある。バランスが崩れた場合，空白の年代の前後にいる世代の人たちの業務負担が重くなるという問題が生じる。もっとも，経営状態が回復したのちに，新たに中途採用を行うことにより空白の年代の従業員を採用することでバランスを回復させることも考えられるが，そのためには時間を要するであろう。

2.2　早期退職制度

早期退職制度とは，定年前に従業員が本人の希望により退職することであり，選択定年制，希望退職などともよばれる。この制度の対象となる従業員は一定年齢以上や一定勤続年数以上という制約がついていたり，退職金などの面で優遇されていたりすることが多い。また，一般に年齢の高い従業員ほど賃金が高い傾向にあるため，年齢の高い従業員を対象とする場合が多い。さらに，割増しの退職金を用意しなければ，従業員が同制度に応じるとは考えにくいため，退職金などの面で優遇されていることが多い。たとえば，2019年11月に早期退職の募集を行ったファミリーマート[1]では，40歳以上の従業員を対象とし，通常の退職金に割増退職金を加算することを条件としている。さらに，本人が希望すれば再就職の支援も行っている。

図7－1は2000年以降における上場企業の早期退職制度の実施状況を示している。2000年代前半に多いのはバブル崩壊後に長期にわたって低迷した業績の

1　ファミリーマートの公表資料
(https://www.family.co.jp/content/dam/family/ir/release/20200219_release1.pdf)

図7－1　主な上場企業における早期退職制度の実施状況

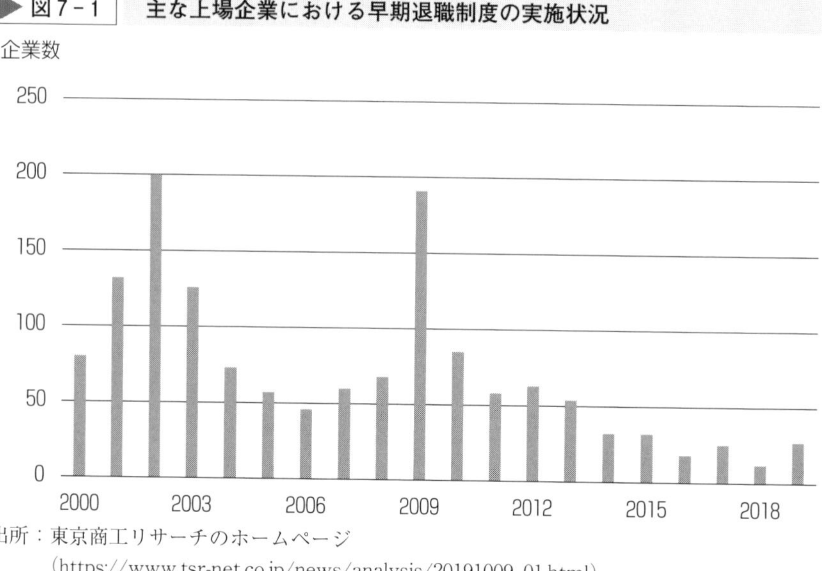

出所：東京商工リサーチのホームページ
（https://www.tsr-net.co.jp/news/analysis/20191009_01.html）

改善策の一環として同制度が採用された可能性があり，また2009年の増加はリーマンショックに対応したものと思われる。これら２つの時期を除けば，早期退職制度を実施する企業は必ずしも多いわけではない。

本来，早期退職制度とは本人の希望により従業員自身が応募するものであるが，実際には上司に圧力をかけられ，強制的に応募させられるケースも多数あるとされる[2]。本人の希望により同制度に応じるケースばかりではないものの，従業員本人の希望により同制度に応募するのであれば，残った従業員のロイヤリティを維持することがメリットとして挙げられる。なぜなら，本人の希望により退職に応じたのであり，企業側が退職を強要したわけではないためである。

一方，デメリットとして，企業としては残ってほしい優秀な従業員ほど同制度に応募する可能性がある点が挙げられる。優秀な従業員は，転職が容易である，あるいは自ら起業するために同制度に応じる可能性がある一方，優秀でない従業員は転職や起業が容易ではないために同制度に応じないかもしれない。

2　熊沢（2003），62-80頁。

そのため，早期退職を募った結果として優秀な従業員が流出し，一時的に人件費が削減できたとしても，長期的にはその後の経営にマイナスの影響を及ぼす可能性がある。さらに，同制度を実施するにあたり，割増しで退職金が支払われることが多く，そのために一時的に多大な費用が計上される可能性がある。先のファミリーマートによる早期退職の募集では，1,025名が募集に応じ，割増退職金の総額が155億円に達した。同社はこれを特別損失として計上したため，2020年2月期の同社の当期純利益は約3割減少している。経営の悪化した企業が同制度を用いる場合，資金不足あるいは財務的困難に陥る可能性があるため，余力のある状態で実施する必要がある。

2.3　出向・転籍

出向・転籍は，従業員がこれまで働いていた企業とは別の企業で働くことを意味するが，出向は現在働いている企業に従業員の籍がある，すなわち雇用契約を維持しているのに対し，転籍は所属自体も別の企業へうつる点で異なる。したがって，転籍の場合は現在働いている企業との雇用契約は終了し，転籍先の企業と新たな雇用契約を締結することになる。若い時期の出向は，幅広い業務を身につけるという教育的な意味があり，その場合には一定期間出向したのち，元の企業へ戻る（一時出向）ことになる。これに対し，一定程度年齢を重ねてからの出向はもとの企業に戻ることはない場合（退職出向）も多い。

出向・転籍の対象となる従業員，特に一定程度年齢を重ねた従業員については，別会社で働くと同時に賃金も下がることが多い。なぜなら，ここでの別会社とは，子会社や関連会社，あるいは下請企業である場合が多く，現在所属している企業と比較して「格下」の企業であることが多いためである。したがって，そもそも出向・転籍の対象となるのは子会社を有する親会社や下請企業を有する大企業の従業員である場合が多い。そして，出向先の水準に賃金を引き下げるのであれば，当該従業員の賃金を引き下げることが可能となる。さらに転籍については従業員数の削減も可能となる。

これらの結果，出向・転籍による従業員数の削減については転籍先がどのような企業か，あるいは企業を親会社だけの単独でみるのか，子会社を含む連結でみるのかによって異なる。転籍先が取引先のような資本関係のない企業である場合，単独でみても連結でみても従業員数の削減となる。これに対し，親会社から子会社への転籍である場合，単独では従業員数の削減であるものの，連結では従業員数は変化しない。

出向・転籍のメリットは，対象となる従業員の雇用が維持される点であり，このために対象となる従業員も対象とならない従業員もロイヤリティを一定程度維持することができる点にある。一方，デメリットとしては，親会社から子会社へ従業員を転籍させるケースについては，親会社の従業員数は減少するものの，連結での従業員数は変わらない点で，親会社から子会社へコストを移転させているのみということが挙げられる。ただし，その場合でも賃金の引下げが同時に実施されるのであれば，連結での人件費を削減することは可能となる。

2.4 解　　雇

従業員の数を減らす最も直接的な方法として，解雇がある。解雇には，懲戒解雇，普通解雇，整理解雇，諭旨解雇の４つがある[3]。懲戒解雇とは就業規則において懲戒解雇の事由が定められており，その事由に該当する場合に解雇の対象となる。具体的には，会社の信用を低下させる行為や勤怠不良，虚偽報告，重大な犯罪を行ったなどの従業員が対象となることが多い。普通解雇は，従業員が果たすべき労務を提供できないために解雇の対象となるものである。たとえば，無断欠勤を繰り返す，業務処理の能力が著しく欠如している，業務上の命令違反などが挙げられる。整理解雇は，経営不振など企業側の理由により従業員を解雇することであり，リストラクチャリングにおける人員削減がこれに該当する。最後に，諭旨解雇は懲戒解雇と同様，就業規則において懲戒解雇の事由が定められ，その事由に該当する場合に解雇の対象となるが，懲戒解雇と比較して処分を緩やかにしている点で異なる。たとえば，懲戒解雇であれば退職金が支払われないような場合でも，諭旨解雇であれば一部支払われるといった違いが挙げられる。

表７－２は，日本企業における４つの解雇の実施状況を示している。懲戒解雇や普通解雇は10%超の企業が実施し，特に大規模企業においてその割合が高

3　菅野（2017），728-765頁。

表7－2　解雇の実施状況

従業員数	企業数	懲戒解雇	普通解雇	整理解雇	諭旨解雇
100人未満	3,828	10.2	14.9	8.8	6.8
100～300人未満	1,466	14.8	17.0	7.8	11.1
300～1,000人未満	360	30.6	21.7	8.9	24.4
1,000人以上	76	56.6	30.3	7.9	47.4
計	5,964	13.2	16.0	8.6	9.4

注：「企業数」以外の数値の単位は%であり，解雇および従業員数は正規従業員のみが対象となっており，過去5年間の割合である。

出所：独立行政法人　労働政策研究・研修機構（2013）『「従業員の採用と退職に関する実態調査」調査結果』（www.jil.go.jp/press/documents/20130731.pdf）の図表6と図表17より筆者作成。

い。これは，1人でも懲戒解雇や普通解雇の対象となる従業員がいれば実施企業に該当するため，従業員の数が多いほど生じやすくなるためであろう。これに対し，整理解雇については企業規模にかかわりなく相対的に少ないことがわかる。これについては，後述するように実施に際しては一定の要件を満たす必要があるため，相対的に実施割合が少ないと考えられる。

このように，従業員の数を削減する解雇には4種類あるが，このうちリストラクチャリングとしての解雇は整理解雇である。したがって，以下では整理解雇についてさらに詳しくみてみる。

■整理解雇

整理解雇は，企業の業績悪化や事業縮小など企業側の経営上の理由により従業員を解雇することであるが，過去の判例より整理解雇を行うことができる4つの要件（整理解雇の四要件）があり，すべて満たす必要がある。これは，①経営不振などの企業業績の悪化（人員削減の必要性），②解雇を回避するための経営努力（整理解雇を選択する必要性），③整理解雇の対象となる従業員の合理的な選択（被解雇者選定の合理性），④対象となる従業員や労働組合との協議（手続の妥当性），という四要件[4]のことである。

4　菅野（2017），746-747頁。

①は業績悪化や経営不振など，どうしても従業員を削減しなければならない経営上の理由が生じたことが明らかであることを必要とする。ここでの経営上の理由については，企業が存続するうえで従業員の削減が必要不可欠であるという意味であり，業績の長期的低迷などが該当する一方で，さらなる生産性の向上のためというような理由は認められない。

②は，先にみた減員不補充，出向・転籍，早期退職制度の実施など人件費を削減するための努力を行ったうえで，整理解雇を実施する必要があるという意味である。整理解雇という従業員にとって最も望ましくない方策を採用するためには，それ以外の様々な方策を実施したのち，やむを得ず整理解雇が実施される必要がある。

③の解雇の対象となる従業員の選定基準については，経営者の恣意的な選定基準で実施されないことが必要である。たとえば，労働組合に加入している従業員のみを対象とした整理解雇などは，ここでいう恣意的な選定基準となる。

最後に，④は整理解雇を実施するにあたり，その必要性や実施方法について従業員や労働組合に説明・協議し，納得を得るための努力をする必要がある。

図7－2は，整理解雇が実施される前に人件費を削減するためにどのような

図7－2　整理解雇に至る前の解雇回避措置

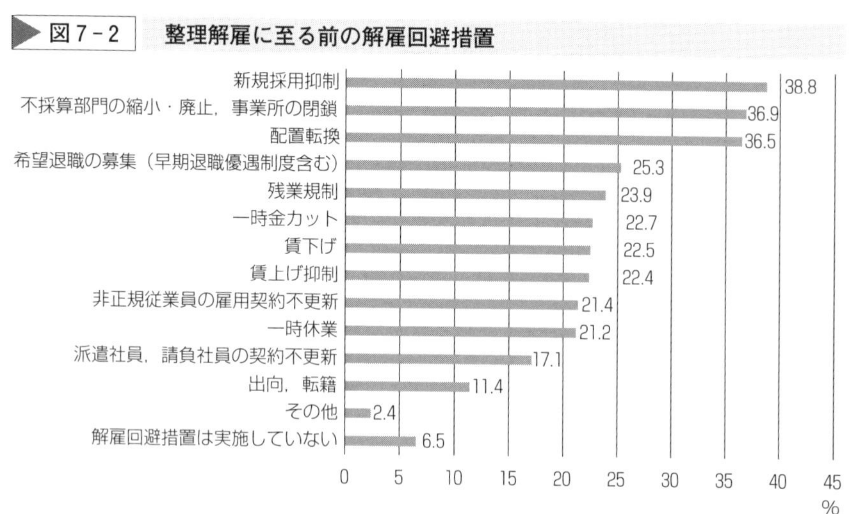

出所：独立行政法人　労働政策研究・研修機構（2013）『「従業員の採用と退職に関する実態調査」調査結果』（www.jil.go.jp/press/documents/20130731.pdf）の図表21。

ことが実施されたのかを示している。減員不補充を意味する新規採用の抑制をはじめとして，これまでみてきた様々な方策が含まれている。すなわち，これまでみてきた様々な方策を実施してもなお人件費を削減する必要がある場合に整理解雇が行われることになる。

整理解雇の対象となった従業員に割増しの退職金が支払われるのか否かについては，先の早期退職制度と異なり，企業により異なる。したがって，整理解雇時に割増しの退職金が支払われるのであれば，その費用はその年の特別損失に計上され，当期純利益を減少させる可能性がある。

このように，リストラクチャリングとして整理解雇を実施する場合，４つの要件を満たす必要がある点において実施のハードルがかなり高いといえる。また，実施できたとしても残った従業員のロイヤリティの低下，さらには整理解雇を実施したという情報が取引先や取引金融機関への信用低下をもたらすなどのデメリットが挙げられる。また，経営状態が改善して新規に従業員を雇用しようとする場合にも過去に整理解雇を実施したことがマイナスに作用する可能性がある。一方で，早期退職制度の場合と異なり優秀な従業員を確保することができるというメリットが挙げられる。

2.5　賃金削減

これまで，従業員の数を削減する方策についてみてきたが，人件費を削減するもう１つの方策は賃金の引下げ（給与カット）である。賃金の引下げは，労働条件の不利益変更であり，これを実施するためには，①労働組合と労働協約を締結し，その中で労働条件の不利益変更を行う，②合理的な理由があるのであれば就業規則[5]を変更して労働条件を不利益に変更する，③個々の労働者との合意に基づき労働条件を不利益に変更する，の３つが挙げられ，いずれかに該当する場合に賃金を引き下げることができる[6]。

ただし，従業員に不利となる賃金削減を企業が円滑に実施することはかなりハードルが高いであろう。①や③については，倒産につながりかねないような

5　就業規則については，従業員が10人未満の企業は作成義務がないことから小規模企業では賃金削減が実施されやすい可能性がある。

6　日本労働弁護団（2009），99頁。

業績悪化などでなければ労働組合や個々の労働者が自らの賃金の引下げには同意しないであろう。ただし，②については就業規則の不利益変更を行うためには労働組合などの意見を聴く必要があるのみで，同意を得る必要はない。しかしながら，判例からは「既得の権利を奪い，労働者に不利益な労働条件を一方的に課することは，原則として，許されない」とし，不利益変更の必要性と労働者の被る不利益の程度で不利益変更の可否が判断されることになる[7]。したがって，就業規則の不利益変更も容易ではないであろう。

表7－3　賃金削減の実施状況

単位：%

年	100～299人	300～999人	1,000～4,999人	5,000人以上	計
2002	13.9	15.5	21.2	22.1	14.8
2003	12.6	13.3	15.3	12.1	12.9
2004	14.3	13.1	10.5	9.1	13.6
2005	17.3	12.2	8.3	5.6	15.3
2006	8.2	13.1	10.2	3.6	9.7
2007	11.2	9.7	2.3	6.8	10.2
2008	10.0	8.9	4.8	2.5	9.3
2009	30.5	31.9	31.3	28.6	30.9
2010	23.7	20.8	24.7	16.8	23.0
2011	16.7	12.0	11.5	5.7	15.2
2012	13.7	9.3	14.9	10.2	12.8
2013	14.4	16.0	11.1	9.3	14.5
2014	7.6	13.3	8.7	10.8	9.0
2015	9.6	10.0	8.3	4.5	9.5
2016	11.1	10.6	8.4	5.9	10.7
2017	6.6	5.7	6.4	6.1	6.3
2018	5.5	7.9	6.5	7.0	6.1

注：賃金削減等を実施または予定している企業と，賃金削減または諸手当の減額の一方または双方を実施・予定している企業の割合を示している。

出所：厚生労働省「平成21年賃金引上げ等の実態に関する調査結果の概況」(https://www.mhlw.go.jp/toukei/itiran/roudou/chingin/jittai/09/index.html) 付表9および「平成30年賃金引上げ等の実態に関する調査結果の概況」(https://www.mhlw.go.jp/toukei/itiran/roudou/chingin/jittai/18/index.html) 付表5を一部改変。

7　浅倉 他 (2008)，132-133頁。

表７－３は，2002年から2018年までの日本企業における賃金削減の実施状況を示している。企業規模にかかわらず，2000年代は10％前後の企業が賃金の削減を行っていることがわかる。2009年の値が突出しているのは，リーマンショックの影響であると思われる。このように，時期や企業規模にかかわらず多くの企業において賃金カットが実施されている。

本来，企業が賃金削減を実施することはかなりハードルが高いものの，実際には多くの企業において賃金カットが実施されている。人件費を削減する手段としての賃金削減のメリットとして整理解雇よりは従業員のロイヤリティが維持されやすい点が挙げられる。反対に，デメリットとしては，実施した場合には従業員の能力にかかわりなく一律に賃金が引下げられることから，長期にわたり賃金の引下げが続く場合には優秀な従業員の離職をもたらす可能性がある。ただし，比較的短期間のうちに経営状態が改善するのであれば，離職を引き起こさず賃金削減を実施することも可能であろう。

2.6　ワークシェアリング

ワークシェアリングは，もともとオランダなどヨーロッパで実施されていたものであり，その意味は，「就業を希望する者に対する雇用機会を増加させるために，労働時間を短縮して労働の再分配をすること」[8]，あるいは「雇用機会，労働時間，賃金という三つの要素の組合せを変化させることを通じて，一定の雇用量を，より多くの労働者の間で分かち合うこと」[9]とされており，雇用の維持・拡大に力点がおかれており，直接的には賃金の削減を意味するわけではない。ワークシェアリングは**表７－４**が示すように４つの類型に分類することができる。この４分類の中で，リストラクチャリングとして用いられるワークシェアリングは雇用維持型（緊急避難型）であろう。業績の低迷を背景として，労働時間の短縮と賃金の削減を同時に行うことで，できる限り従業員の雇用維持を図るものである。これは，賃金が削減される点で賃金削減と類似しているものの，ワークシェアリングでは勤務時間あるいは勤務日数も削減されるため，

8　樋口（2002），41頁。
9　厚生労働省（2001）『ワークシェアリングに関する調査研究報告書』（http://www.mhlw.go.jp/houdou/0104/h0426-4.html）

表7－4　ワークシェアリングの類型と特徴

	雇用維持型（緊急避難型）	雇用維持型（中高年対策型）	雇用創出型	多様就業対応型
特徴	一時的な景況の悪化を乗り越えるため，緊急避難措置として，従業員１人当たりの労働時間を短縮し，社内でより多くの雇用を維持する。	中高年の雇用を確保するために，中高年層の従業員１人当たりの労働時間を短縮し，社内でより多くの雇用を維持する。	失業者に新たな雇用機会を提供することを目指して，国または企業単位で労働時間を短縮し，より多くの労働者に雇用機会を与える。	正社員について，勤務の仕方を多様化し，女性や高齢者をはじめとして，より多くの労働者に雇用機会を与える。
背景	企業業績の低迷	中高年を対象とした余剰人員の発生 60歳台前半層の雇用延長	高失業率の慢性化	女性・高齢者の働きやすい環境作り 育児・介護と仕事の両立 余暇－所得選好の多様化 労働者の自己実現意識 企業にとっての有能人材確保
賃金の変化	減少 維持（生産性上昇等によりカバー）	減少 維持（生産性上昇等によりカバー）	政府の援助により維持される場合が多い	働き方に応じた賃金

出所：厚生労働省（2001）『ワークシェアリングに関する調査研究報告書』（http://www.mhlw.go.jp/houdou/0104/h0426-4.html）の図表１を一部抜粋。

場合によっては副業を持つことで削減された賃金を従業員が補うことができる。

ワークシェアリングを労働時間の短縮と賃金削減を同時に実施する方策として位置づけた場合，ワークシェアリングのメリットとしては，現在の従業員の雇用が維持されるため，ロイヤリティを維持しやすいことが挙げられる。反対にデメリットとして，従業員の能力の有無にかかわりなく一律に賃金が引き下げられる可能性があるため，長期にわたりワークシェアリングが継続した場合には能力のある従業員には不満が募るといった問題が挙げられる。さらに，正規従業員の人件費には福利厚生費などの固定的な部分も存在するため，労働時間と比例して人件費を削減することが難しく，賃金削減の効果が限定的となるおそれがある。

3　日本企業における人件費の削減

高度成長期に形成された日本的経営の三種の神器である終身雇用，年功序列，企業別組合は，少なくとも2000年代以降の日本企業には該当しないのかもしれない。周知のように，従業員が早期退職制度に応じて退職する，あるいは表面上は自発的であっても実質的には退職を強いられるような状況[10]もみられる。能力給や成果給の導入により，年功とは異なる賃金体系を採用する企業も存在する。さらに,労働組合の組織率についても年々低下している[11]。しかしながら，それでもなお，経営者と従業員の双方に終身雇用に関する「幻想」が存在しており，そのことが日本企業における人件費の削減を困難にしている可能性がある。ここでは，日本企業における従業員の削減に関する研究についてみてみる。

久保（2017）は，親会社のみ（単独ベース）の従業員数のデータを用いて1998年以降の日本企業の大規模な従業員数の削減がどのような要因によって実施されているのかを明らかにしている。その結果，1998年以降，日本企業は大規模な従業員数の削減を行っていること，さらに2000年以降はこの削減を規模・頻度においてより積極的に実施していることを明らかにしている。そして，これらの削減が業績悪化を引き金として実施されたとしている。この結果は，雇用調整が困難であったとしても業績悪化の際には日本企業が従業員数を削減させていることを示している。

一方，蟻川 他（2017）は日本企業のパフォーマンスが他国と比べて低いことの一因として従業員解雇の困難さを挙げている。日本企業が収益性を向上させるためには必要に応じて事業再編を行う必要があるが，その際に従業員数の削減が法的あるいは広い意味で制度的に困難であれば，事業再編の実施が困難となり，その結果として収益性の改善が見込めない状況に陥る可能性がある。同研究では，他国と比べて日本の法制度のもとでは従業員解雇のハードルが必ずしも高いとはいえない一方，日本の経営者は雇用調整が容易でないと「考えている」ことを指摘している。そのうえで，このような雇用調整の困難さが日本企業の低収益性の一因となっていることを明らかにしている。

大竹・谷坂（2002）は，従業員数の削減が株式市場によってどのように評価されるのかについて分析を行っている。他の条件を一定とすれば，従業員数の削減は当該企業によって費用の削減，すなわち利益の増加をもたらすため，株式市場によってプラスに評価される。すなわち，当該企業の株価を上昇させる

10　日本経済新聞，1993年２月１日。
11　厚生労働省（2016）『平成28年労働組合基礎調査の概況』（http://www.mhlw.go.jp/toukei/itiran/roudou/roushi/kiso/16/）。

と考えられる。しかしながら，米国企業を対象とする研究では株式市場がおおむねマイナスに反応することが明らかとなっている。これに対し，大竹・谷坂（2002）は日本企業を用いた同様の分析を行い，1993年以降はわずかながらも株式市場はプラスに反応することを明らかにしている。また，従業員数の削減方法については，新規採用の抑制や退職者の不補充といった自然減を通じた削減方法に対して株価がプラスに反応することを明らかにしている。ただし，同研究では削減方法の公表に対する株価の反応は極めて小さく，当該企業の株価にほとんど影響を及ぼしていない。

このように，これまで日本企業は従業員数を削減してきたものの，他国と比べた場合には日本では従業員解雇が困難であり，そのことが日本企業のパフォーマンス低下の一因となってきたと考えられる。

4 三洋電機の事例

ここでは，1990年代以降，断続的に人件費の削減を行った三洋電機の事例についてみてみる[12]。同社を対象とした理由は2つある。

1つは同社が多様な人件費削減策を実施した点にある。同社は2011年にパナソニックによって完全子会社化されたが，これは実質的にはパナソニックによる三洋電機の救済であり，その背景には同社の長期にわたる業績の低迷があった。この長期にわたる業績低迷に対し，同社は1990年以降に減員不補充，出向・転籍，早期退職，賃金削減，ワークシェアリングなど多様な人件費削減策を実施した。そのため，これらの様々な削減策が同社の業績にどのように寄与したのかについてみてみる。

もう1つの理由は，同社が救済された後に社史を発行している点にある。通常，企業にとって従業員数の削減や賃金の引下げといった情報はネガティブな印象を企業内外に与えるため，積極的に情報開示を行わない傾向にある。少なくとも，業績などの財務データと比較した場合，これらの情報の入手は限られ

12　本節の記述の大部分は三洋電機の社史である三洋電機アーカイブスプロジェクトチーム（2014）による。

ている[13]。しかしながら，同社が発行した社史は救済後，すなわち同社の社名が消滅した後であり，これらの情報を十分に開示している可能性がある[14]。

ここでは，三洋電機がこれら人件費削減策をどのような状況のもとで実施し，それらが同社の業績にどのような影響を及ぼしたのかについて明らかにする。結論を先取りすれば，同社に対して“救済買収”がなされたことからもわかるように，これらの方策が同社の業績改善に十分には寄与したとは言い難いといえる。

4.1　三洋電機の経営状況

同社の創業者である井植歳男氏は，松下電器産業（現 パナソニック）の創業者である松下幸之助氏の義弟であり，松下電器産業設立時のメンバーの１人でもあった。井植氏は1917年より松下氏とソケット製造業をはじめ，ともに協力して事業を拡大させていったものの，敗戦後の1946年にGHQからの財閥指定を免れるため松下電器産業を去ることになる。その翌年の1947年より，同氏は三洋電機製作所を設立し，自転車用発電ランプの製造を始める[15]。

表７−５は，三洋電機の設立以降の状況を表している。1949年に三洋電機株式会社となり，その５年後には東京証券取引所へ上場する。その間，事業内容を発電ランプからラジオへ，さらには電気洗濯機へと拡大し，順調に事業を拡大させていった。設立から1980年代までの間，同社の人事政策に多大な影響を及ぼした出来事として労働組合の結成が挙げられる。1958年に同社の労働組合が結成された後，２年間で延べ60日のストとそれに対抗するための会社側の全工場ロックアウトなどが行われ，1962年に労働協約が締結されるまで労使間の対立が続いた。

このような三洋電機内の労使関係を考慮して1959年に設立されたのが東京三洋電機であった。同社は井植氏を社長としていたものの三洋電機とは別会社で

13　久保（2017），258頁。

14　ただし，結果としては筆者が予期していたほど客観的，あるいは十分な情報を開示しているとはいえなかった。

15　松下電器産業を離れるのに際し，井植歳男氏は発電ランプの製造権とナショナルの商標を松下電器産業から譲り受けていた。

表７－５　三洋電機の歴史

年	主な経営上の変化
1947	井植歳男氏により三洋電機製作所が設立され，自転車用発電ランプの製造を開始
1949	三洋電機株式会社（資本金2,000万円）となる
1954	東京証券取引所に上場する
	第一次中期経営計画がスタート
1958	労働組合の発足
1959	東京三洋電機設立
1986	三洋電機が東京三洋電機を吸収合併し，事業本部制へ
1991	第二次中期経営計画がスタート
1993	中期経営改革の実施
1996	子会社「三洋電機クレジット」を上場
1997	「グローバル連結経営計画・アクセス21」の発表・実施
1999	カンパニー制導入
2001	三ヶ年の中期経営計画「チャレンジ21」がスタート
2005	構造改革プラン「SANYO EVOLUTION PROJECT」の発表・実施
	「三洋電機ロジスティクス」のジャスダック上場
	「三洋電機クレジット」の株式の一部売却
2006	分社化により子会社「三洋半導体」を設立
	「三洋エプソンイメージングデバイス」の全株式を売却
	優先株による第三者割当増資を実施
2007	社長，会長が辞任し，事実上創業者による経営が終結へ
	「三洋電機クレジット」の全株式を売却
2008	携帯電話事業を京セラに売却
	パナソニックと資本・業務提携契約を締結
2009	パナソニックによるTOBにより，同社の子会社となる
2010	パナソニックによる完全子会社化が決定
	「三洋電機ロジスティクス」の全株式の売却
2011	「三洋半導体」の全株式の売却
	パナソニックによる完全子会社化が実施

あり，直接的な資本関係を有していなかった。この理由の１つ[16]が先の三洋電機の労使間の対立が飛び火しないためであった。このような設立初期の激しい労使間の対立はその後の同社の人事政策に多大な影響を及ぼした可能性がある。

このように，同社は設立以降，規模と生産内容を拡大させ，総合家庭電器メーカーとして成長していった。しかしながら，1990年代に入るとバブル崩壊による景気後退が同社の業績にも影響を及ぼすようになる。

16　これ以外の理由として，税収入に関心のある地方自治体の要望や賃金格差などがあった。

■業績の変化

表７－６は，三洋電機の売上高，営業利益・損失，当期純利益・純損失を表している。売上高については，単独および連結ともにおおむね増加し続けるものの，2006年から減少に転じている。このような売上高の増減に対し，営業利益と当期純利益は異なる推移を示している。単独の営業利益については，バブル期前の1986年と1987年，およびバブル崩壊後の1992年と1993年においてマイ

表７－６　業績の推移

単位：百万円

年	売上高		営業利益（損失）		当期純利益（損失）	
	単独	連結	単独	連結	単独	連結
1986	838,837	1,200,961	−2,807	7,720	12,904	2,105
1987	909,393	1,204,331	−5,490	7,086	14,128	−17,526
1988	987,539	1,255,910	5,681	14,961	17,035	6,135
1989	1,040,151	1,389,632	13,867	45,269	20,284	16,843
1990	1,104,515	1,496,085	13,882	48,611	22,893	17,499
1991	1,179,852	1,615,887	11,286	49,511	20,457	16,837
1992	1,081,013	1,565,791	−16,691	11,503	5,773	−1,289
1993	1,015,728	1,556,845	−19,415	10,037	4,074	−1,560
1994	1,065,422	1,693,602	1,537	40,359	7,848	11,325
1995	1,075,139	1,742,286	16,795	59,384	14,387	15,551
1996	1,002,657	1,573,809	6,147	40,503	13,449	−11,214
1997	1,104,103	1,846,229	17,591	61,309	16,372	17,674
1998	1,121,939	1,924,675	14,242	62,352	14,146	12,320
1999	1,076,584	1,882,439	4,254	31,768	3,890	−25,883
2000	1,121,579	2,014,253	10,427	62,095	−48,806	21,686
2001	1,242,857	2,240,997	22,367	106,591	−90,787	42,201
2002	1,088,381	2,112,127	7,638	53,074	−37,053	1,727
2003	1,172,497	2,273,875	11,211	78,299	−73,985	−61,671
2004	1,377,197	2,599,939	24,422	95,551	36,632	13,400
2005	1,458,981	2,561,385	−4,107	35,236	−169,930	−171,544
2006	1,353,445	2,484,305	−40,072	−17,154	−149,406	−205,661
2007	1,215,914	1,949,907	−16,377	42,605	−57,144	−45,362
2008	1,417,946	2,083,385	15,892	76,141	18,905	28,700
2009	1,001,783	1,841,167	−3,857	8,276	−100,536	−93,226
2010	911,212	1,556,596	−6,057	40,357	−84,111	−48,789
2011	845,318	1,489,497	−21,652	33,575	−89,260	−35,161

注：1996年３月期については，期間が12カ月ではなく４カ月であったため，調整を行っている。

ナスとなっている。前者については，この時期にドルに対して円の価値が急激に上昇し，そのために輸出比率が60%を超えていた同社の業績が悪化したため[17]であり，後者はバブル崩壊に伴う不況のため[18]であった。為替の影響はあるものの，同社の単独の業績がバブルとは関係なく悪化していたことがわかる。その後，1990年代を通じて単独の営業利益は低迷しており，2005年以降は恒常的に巨額の損失が生じている。これに対し，連結の営業利益については，2001年までは増加傾向にあり，その後は減少に転じる。このように，単独の営業利益についてはバブル期前より低迷していたのに対し，連結の営業利益については，2001年までは順調に拡大を続けていたのである。

最後に，当期純利益については，単独では2000年前後を境に恒常的にマイナスとなっているのに対し，連結では1990年代にすでにマイナスとなっている年がみられる。この違いは同表からは明らかでないものの営業外収益にある。たとえば，1993年の営業利益をみた場合，単独ではマイナス，連結ではプラスとなっているのに対し，当期純利益では反対に単独ではプラス，連結ではマイナスとなっている。これは，連結と異なり単独では営業外収益が当期純利益の増加に寄与しているためである。同年の単独の営業外収益は約648億円であり，その約３割が子会社に関係する取引から生じている。このことから推測すると，1990年代は親会社の利益をプラスにする一手段として子会社が利用されたものの，2000年以降はこれを継続することができず，その結果として連結・単独ともに当期純利益がマイナスとなったと思われる。

■事業規模と資本構成

図７－３と**図７－４**はそれぞれ，単独と連結での三洋電機の事業規模と資本構成の推移を表している。**図７－３**より，1980年代に親会社の事業規模を拡大させるものの，1990年代は一定水準の事業規模を維持し，そののちに事業規模を半減させている。同社が1980年代後半のバブル期に急速な規模拡大などの際立った経営を行っていたわけではないこと，2000年以降に事業縮小に着手した

17　三洋電機アーカイブスプロジェクトチーム（2014），305頁。
18　三洋電機アーカイブスプロジェクトチーム（2014），532頁。

図7－3　単独での事業規模と資本構成の推移

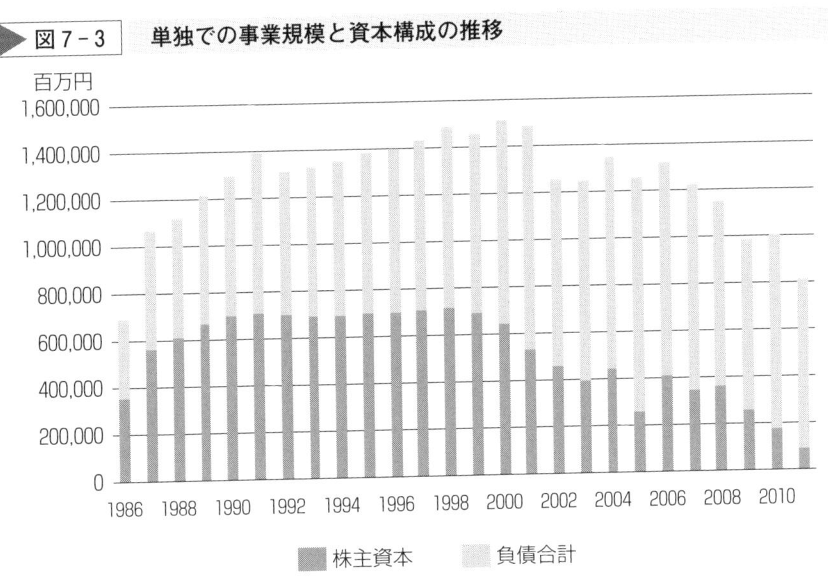

図7－4　連結での事業規模と資本構成の推移

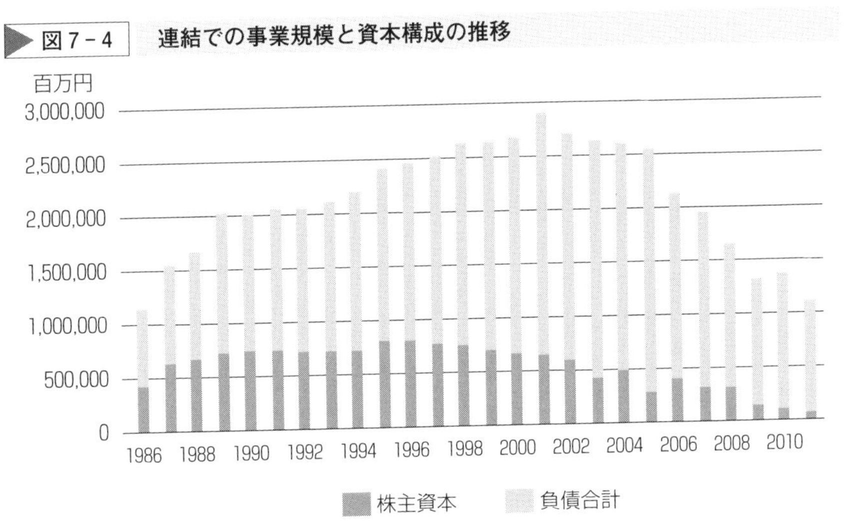

ことがうかがえる。また，資本構成の変化に着目した場合，2000年までは負債と株主資本の割合がほぼ同じであったのに対し，2000年以降は急速に株主資本の額を減少させた。この減少は，**表7－6**からもわかるように2000年以降に当

期純損失が恒常的に生じたためである。

図7－4については，1986年から2000年まで一貫して事業規模を拡大しており，その後は縮小に転じると同時に株主資本も減少している。したがって，**図7－3**と**図7－4**を比較した場合，1990年代の事業の変化が異なっていることがわかる。この違いは，1990年代に同社が親会社の事業規模を抑制しつつ子会社の事業規模を積極的に拡大させていったことを示している。

子会社の事業規模を積極的に拡大させる契機となったのが，**表7－5**にあるように1991年の第二次中期経営計画とその2年後に策定された中期経営改革であった。ここでは，東京三洋電機の吸収合併以降に採用した事業本部制を分社化する，すなわち「事業本部=分社」の考え方[19]が実行された。なお，同社における分社化とは権限の委譲，あるいは分権化のことであり，必ずしも既存の事業部門を子会社とするという意味での分社化ではない。たとえば，同社では「分社としての独立性（自己完結性）を高め，機能を充実させるために，・・・中略・・・まず，AV事業部では，1993（平成5）年度から，これまで三洋電機貿易が管轄していた北米・欧州の販売会社を事業本部の直轄とした。」[20]としており，必ずしも親会社の事業部門の子会社化を意味しているわけではない。同社では，通常の意味での分社化，すなわち事業部門の子会社化を「独立分社化」とよび，分社化とは区別していた。この独立分社化についても1990年代に積極的に実施しており，光ディスク事業部（1993年），事務機器事業部（1993年），FA事業（1994年），太陽電池発電関連（1993年，1995年）の独立分社化が進められた[21]。

これらの結果，同社では1990年代に子会社の数と連結ベースでの事業規模が拡大した。**図7－5**は同社の総資産連単倍率と連結子会社数の変化を表している。1990年以降，連結子会社の数は2006年まで増加傾向にあり，総資産連単倍率も同年前後まで増加傾向にあった。このように，同社は分社化を積極的に進めることでバブル崩壊後の景気の低迷に対処しようとしたのである。このような経営は親会社事業の肥大化を抑制する効果はあったのかもしれないが，連結

19　三洋電機アーカイブスプロジェクトチーム（2014），434頁。
20　三洋電機アーカイブスプロジェクトチーム（2014），494頁。
21　以下では，事業部門の子会社化という意味で分社化という用語を用いる。

図7－5　親会社と子会社の事業規模

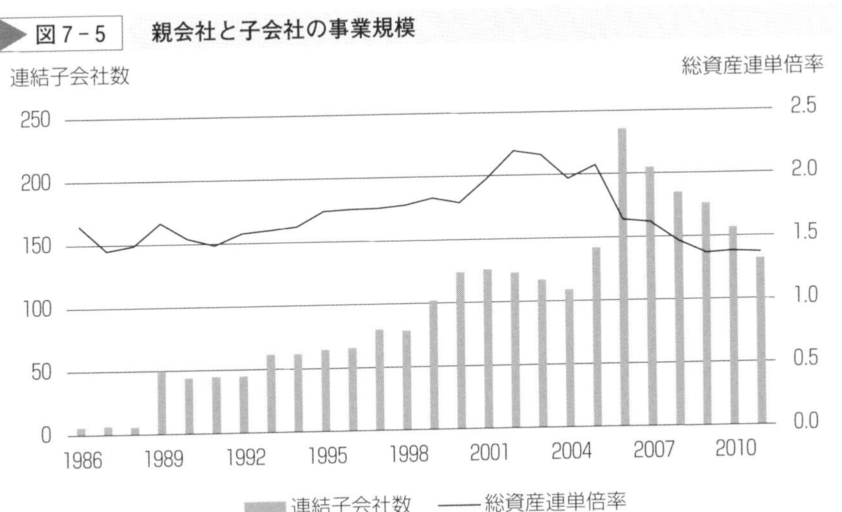

注：1988年から1989年にかけての連結子会社数の急増は，従来持分法によって評価されていた非連結子会社の大部分が連結対象となったためである。また，2005年から2006年にかけての連結子会社数の増加は，米国財務会計基準審議会による解釈指針第46号に基づき連結対象となる子会社を決定したことによるものと思われる。

ベースでみた場合には，事業規模の縮小とはならない。その結果，**図7－4**でみたように1990年代の連結ベースでの事業規模は拡大し続けたのである。

4.2　人件費の削減

表7－7は，三洋電機の従業員数と1人当たりの賃金額の推移を表している。従業員数については，単独において2000年前後を境に減少に転じているのに対し，連結ではほとんど減少していないことがわかる。このような違いは，**図7－5**でもみたように同社が1990年代に分社化を積極的に進めたことに起因する。親会社の事業部門を分社化することにより多数の子会社を設立し，それに伴って従業員も親会社から子会社へ配置転換となり，その結果として親会社の従業員数が減少した。一方，連結では従業員数にあまり変化が生じていない。単独の賃金額については，総額においても1人当たりにおいても2000年前後を境に減少に転じている。これは，**表7－6**でもみたように単独の当期純利益が2000年以降マイナスに転じたため，賃金削減を行ったものと思われる。

表7－7　従業員数と人件費の推移

年	単独従業員数	連結従業員数	単独賃金総額	単独1人当たり賃金額
1986	21,277	25,599	76,583	369
1987	34,754	40,590	139,435	500
1988	33,881	39,179	151,507	443
1989	28,049	55,526	158,877	515
1990	27,746	55,124	165,862	597
1991	29,638	56,079	180,729	632
1992	30,725	56,156	182,413	606
1993	28,535	59,624	172,576	584
1994	27,619	58,417	175,418	627
1995	25,625	57,120	179,346	676
1996	25,236	56,612	179,277	707
1997	24,632	67,827	174,864	704
1998	23,912	67,887	186,291	770
1999	23,320	77,071	173,453	737
2000	22,542	83,519	163,330	714
2001	20,112	86,009	165,908	780
2002	17,239	80,500	149,789	804
2003	16,167	79,025	133,214	800
2004	16,809	82,337	141,030	858
2005	15,687	96,023	124,552	769
2006	14,137	106,389	107,977	727
2007	11,032	94,906	84,535	674
2008	10,823	99,875	69,442	642
2009	9,611	86,016	63,139	639
2010	9,504	104,882	58,847	662
2011	9,299	92,675	62,988	691

注：連結での賃金については不明。
賃金額は，損益計算書上の人件費と労務費の合計であり，単位は万円。
1996年3月期のみ，期間が12カ月ではなく4カ月であったため，調整を行っている。

このように，単独および連結ベースでの従業員数の変化は，同社の事業規模の変化，特に2000年以降の事業規模の縮小と連動していると思われる。**図7－6**は従業員数を資産額で除した値の変化を表している。従業員数と事業規模の変化が連動しているのであれば，同指数は一定となる。単独においては，数値が緩やかに低下しつつも安定的に推移しているのに対し，連結では反対に緩やかに増加し，2000年前後を境に急増している。この結果と**図7－3**および**図7－4**

図7－6　相対的従業員数の推移

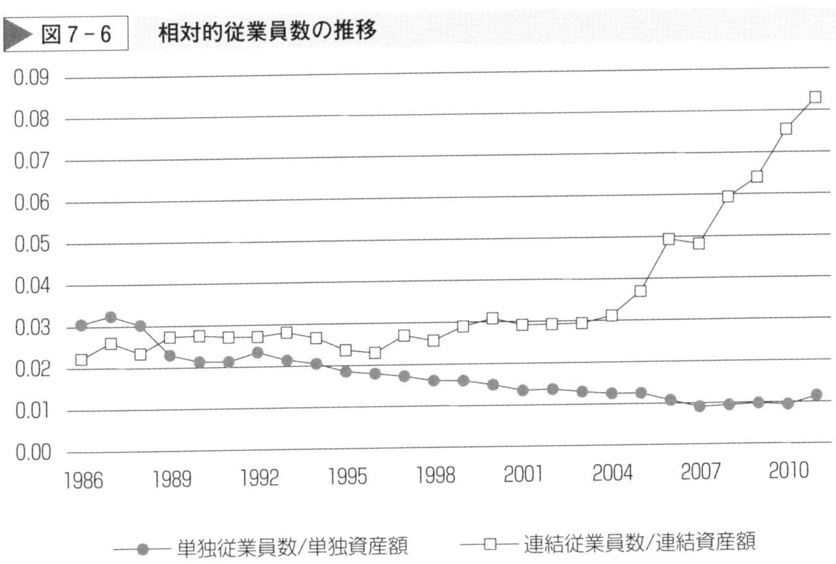

の結果を総合すると，親会社が事業規模と従業員数をともに2000年以降減少させたのに対し，連結ベースでは事業規模は縮小させているものの従業員数は十分には減少させられなかったことがわかる。このような連結での従業員数を十分には削減できなかったことが同社の2000年以降の業績悪化の一因となったと思われる。

■様々な削減策

表7－8は，1990年1月からパナソニックと資本提携を行う2008年12月までの期間，三洋電機が行った主要な人件費削減策を示している。**表7－5**からもわかるように，同社がパナソニックと資本提携を行った翌年にはパナソニックの子会社となっていることから，少なくとも資本提携の際には子会社化が計画されていたものと考えられる。この子会社化は実質的には三洋電機の救済と考えられるため，ここでは資本提携前の人件費削減策についてみてみる。

表7－7では2000年前後を境に親会社の従業員数および賃金額が減少していたが，**表7－8**からわかるようにそれ以前から出向・転籍あるいは減員不補充などの削減策を実施していたことがわかる。また，2005年以降，削減策が頻繁

表7－8　人件費削減策

公表日	削減策
1992年7月17日	減員不補充
1993年4月17日	出向・転籍
1996年1月11日	出向・転籍，減員不補充
1999年4月20日	減員不補充
2001年12月19日	ワークシェアリング
2005年3月24日	賃金削減
2005年11月11日	出向・転籍
2005年11月18日	賃金削減
2006年12月26日	早期退職

出所：日経テレコンより，三洋電機における人件費削減に関する情報，および同社の社史より筆者作成。

に行われているが，**表7－6**でみたように同年以降は単独でも連結でも当期純損失が生じるようになっており，このような業績悪化に対応したものと思われる。

ここでは，「減員不補充」，「出向・転籍」，「ワークシェアリング」，「賃金削減」，「早期退職」の5つの人件費の削減策を同社がどのように実施し，その実施がパフォーマンスにどのような影響を与えたのかについてみてみる。その際，会計上の業績についてはすでに**表7－6**でみていることから，削減策が株価にどのような影響を及ぼしたのかについてみてみる。

■減員不補充

1992年，同社は同年から1995年にかけて現業部門を中心に従業員の退職による補充を行わないことにより，2,000名程度の従業員削減を実施すると公表[22]した。この理由として，AV（音響・映像）不況や景気後退への対処を挙げており，現業部門を中心として削減を行うとしている。ただし，同社の社史ではこの減員不補充に関する記述はなく，緊急経営対策の一環として「採用の見直し」を行ったという記述[23]にとどまっている。同時に，これらの対策のかいも

22　日本経済新聞，1992年7月17日。
23　三洋電機アーカイブスプロジェクトチーム（2014），484頁。

なく業績は低迷を続けたとされる。事実，**表7－6**より同社の単独の営業利益は1992年とその翌年はマイナスであり，この減員不補充がただちに同社の業績の改善に寄与したわけではない。ただし，**表7－8**より単独従業員数が1992年の30,725名から1995年には25,625名まで減少しており，この減少の一部は減員不補充により生じた可能性がある。

また，1996年の出向・転籍および減員不補充については，「本社機能をスリム化する」[24]ため親会社の従業員を1年間で1,600名削減することであった。さらに，1999年の減員不補充については2002年までに連結ベースで従業員数を6,000名削減することを企図したものであり，その8割を減員不補充で削減するというものであった。**表7－7**より，1996年から1997年にかけての単独従業員数の減少はこの減員不補充によるものと思われる。一方，1999年から2002年にかけて連結従業員数は減少するどころか反対に増加しており，1999年の削減策が十分に実施されなかったことがうかがえる。

■出向・転籍

同社は，先にみた1996年以外にも，1993年と2005年に出向・転籍を実施している。このうち，1993年については親会社の従業員を関係会社へ出向させることで親会社の従業員数を減少させた。具体的には，1991年に「人材開発センター」を設置し，同センターを通じて関係会社や取引先企業へ人材を派遣した[25]。さらに，中高年の従業員を対象として実年ライフプラン制度を導入した。同制度は，従業員が50歳になった時に定年まで在籍する「現職コース」に加えて，「転職コース」と「転籍コース」の3コースを選択できるというものであった[26]。同センターがこの制度の運用を担当し，従業員の出向・転籍を積極的に実施しようとした。したがって，1993年以降の単独の従業員数の継続的な削減の一部は同制度を運用した結果と考えられる。

また，2005年については役職者の1割に当たる400人をグループ外へ出向させ，賃金の一部を受入企業に負担させて残りは三洋電機が支払うというもので

24　日経産業新聞，1996年1月11日。
25　三洋電機アーカイブスプロジェクトチーム（2014），480頁。
26　三洋電機アーカイブスプロジェクトチーム（2014），535頁。

あった。さらに本人が希望した場合には転籍も認めることでさらなる人件費の削減を企図した。このような役職者の出向・転籍は人件費，なかでも１人当たりの賃金削減に貢献すると考えられる。**表７－７**より，2004年をピークとして親会社の１人当たり賃金額が減少に転じているのはこの影響によるものと思われる。

■ワークシェアリング

2001年，三洋電機は労働組合にワークシェアリングの導入を提案し，翌年４月に合意を得た。当初，ワークシェアリングの対象と考えていたのは親会社と三洋電子部品など主要グループ企業３社の従業員約３万人であり，「仕事を分かち合うことによって雇用の維持を」[27]図りつつ人件費を一時的に削減することを目的としていた。ただし，2003年１月より実施されたワークシェアリングでは対象となった従業員は北條工場（兵庫県加西市）の210名のみで，１カ月当たりの休日を３日増やす代わりに基本給を12%カットするというものであり，その実施規模は極めて限定的であった。また，業績の改善が短期的には見込まれないことからこのワークシェアリングは同年10月に終了した。

同社におけるワークシェアリングの導入は「国内の大手企業では初めて」[28]であったため，報道等でかなり取り上げられたものの，その実施規模については極めて限定的であったことから，その効果も軽微であったものと思われる。

■賃金削減

2005年，デジタルカメラなどの本業の不振に加えて新潟県中越地震の影響のため，**表７－６**でもみたように同社の業績は著しく悪化した。そのため，緊急対策として経営陣の年俸カットに加えて，一般の従業員についても昇給の半年間凍結や賞与の業績連動方式による決定の凍結を行った[29]。

さらに，同年11月には追加で従業員の基本給を５%カットする方針を決定した。これは，親会社のみでなくグループ企業の従業員も対象となった。また，

27　三洋電機アーカイブスプロジェクトチーム（2014），715頁。
28　三洋電機アーカイブスプロジェクトチーム（2014），716頁。
29　三洋電機アーカイブスプロジェクトチーム（2014），769頁。

役員報酬についても４-５割カットすることとなった。

これらの賃金削減も先の出向・転籍でみたように2005年以降の親会社の１人当たり賃金額の削減に寄与したものと思われる。

■早期退職

2006年11月，三洋電機は構造改革の追加施策として，勤続10年以上で満50歳以上の従業員を対象とした早期退職希望者の募集を実施した[30]。これまで，転宅を伴う異動など一定の条件を満たせば従業員の退職時に規定の退職金に加えて年齢に応じた転進支援金を支給していた。この追加施策では同制度を廃止し，2006年12月４日から18日までの間に条件に関係なく退職を希望する者には転進支援金を支給することにより，早期退職希望者の募集を行った。その結果，967人の応募があり退職した。したがって，2006年から2007年にかけての従業員数の減少の一因はこの早期退職であると思われる。

4.3　人件費削減策と株価

最後に，これまでみてきた人件費削減策が株式市場によってどのように評価されたのかについてみてみる。**図７-７**と**図７-８**は各削減策の公表日を０日とした場合の－10日から+10日までの株価の反応を示している。減員不補充など複数回実施されたケースについては平均値を示している。同図からは各削減策が株式市場によってプラスに評価されたのかマイナスに評価されたのかは明らかでないものの，ワークシェアリングや出向・転籍ではおおむねプラスの反応を，早期退職や賃金削減についてはマイナスの反応を示している。

また，出向・転籍については親会社から子会社への異動であるのなら，連結ベースでの人件費にはあまり影響を及ぼさない可能性[31]があり，その場合には人件費削減の効果も限定的であるにもかかわらず，株価はプラスに反応している。一方，早期退職や賃金削減は大規模に実施するのであれば大幅な人件費削減が可能であり，その場合には大幅なコスト削減が期待できるものの，株価は

30　三洋電機アーカイブスプロジェクトチーム（2014），830頁。
31　この前提として，異動と同時に賃金が引き下げられないことが挙げられる。

図7－7　人件費削減策に対する株価の反応(1)

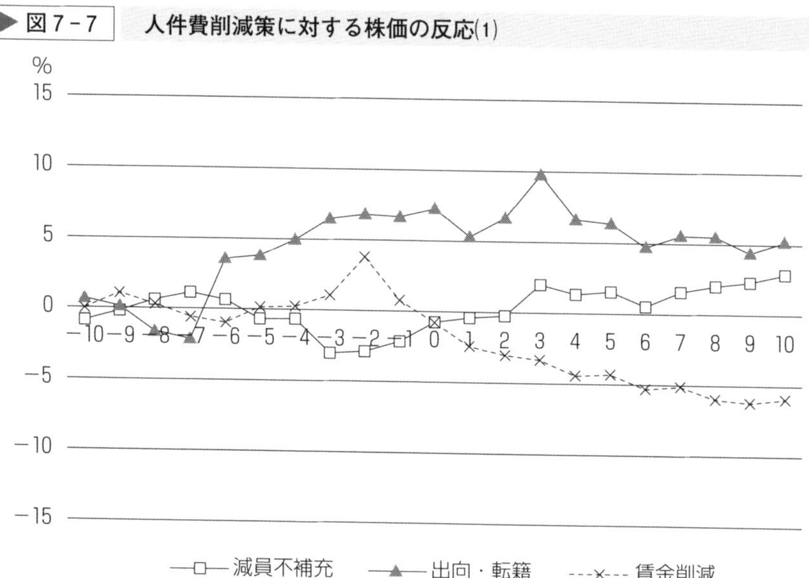

図7－8　人件費削減策に対する株価の反応(2)

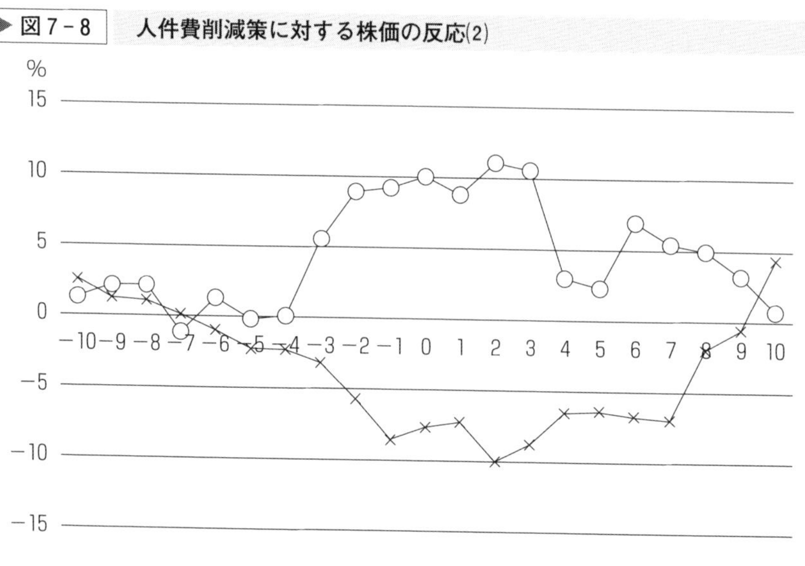

どちらかといえばマイナスに反応している。

このように，人件費にあまり影響を及ぼさない削減策が株式市場からプラスの評価を得ている一方，人件費の大幅な削減が可能な削減策については反対にマイナスの評価となっており，大竹・谷坂（2002）と整合的な結果が得られた。このような結果が得られた一因として，人件費削減の公表に伴う情報効果が考えられる。通常，人件費の大幅な削減がコストの低減をもたらし，その結果として利益が増加するのであれば，このような削減策は株価にプラスの影響を及ぼすと考えられる。しかしながら，「人件費の大幅な削減策の実施」＝「大幅に人件費を削減しなければならないほど経営が悪化している」という情報として株式市場が受け取るのであれば，株式市場は「経営が悪化している」という情報に反応し，株価がマイナスに反応するであろう。

4.4　失敗の原因

これまでみてきたように，三洋電機は単独では1990年代中盤から，連結では2000年以降，業績が悪化し，2005年には単独・連結ともに巨額の損失を計上する。これに対し，単独・連結ともに2000年前後を境に規模縮小に転じるものの，**図7-6**が示していたように連結での人件費を十分に削減することができず，そのことが業績を改善させることができなかった一因と考えられる。

同社は1991年以降の中期経営改革において「分社化」を推進し，1999年の全社機構改革においてカンパニー制を導入して選択と集中を標榜してきた。分社化は親会社の事業規模の縮小や従業員数の削減に貢献するものの，連結ベースでは事業規模や従業員数に変化はない。したがって，本来，同社が選択と集中を実施するのであれば，分社化後に子会社の売却，すなわちダイベストメントを積極的に実施することで事業規模と従業員数の両方を削減する必要があったにもかかわらず，同社がこれを十分に実施したとは言い難く，このことが同社の業績改善を阻害したと考えられる。**表7-5**が示すように，同社は2000年前後を境として様々な事業を売却しているものの，2011年時点において6つの事業別セグメントを有していたのであり，さらに売却を進める必要があったと思われる。

本章では，人件費の削減を中心にみてきたが，同社は1990年以降，社外取締役の採用（1999年），執行役員制の導入（1999年），ストック・オプション制度の導入（2002年）などコーポレート・ガバナンスに関連する様々なリストラクチャリングを実施している。しかしながら，同社についてはこれらのリストラクチャリングが有効に機能したとは言い難かった。

この原因として，ガバナンス関連のリストラクチャリングの有効性に問題があったのかもしれない。たとえば，同社は1999年に取締役会改革の一環として社外取締役を導入したが，その際に同社初の社外取締役として採用されたのがフィリピンの元大統領であるアキノ氏であった。同社は1995年にフィリピンに本格的に進出していたこともあり，「国際的な見識や幅広い人脈」[32]を持つという見地から同氏を社外取締役として採用している。しかしながら，同氏が三洋電機のおかれている状況や事業内容をどの程度理解していたのかについては疑問を感じざるを得ない。これまでみてきたように，2000年以降，同社は単独においても連結においても損失が経常的に生じており，このような危機的な状況下で同氏が必要な人材であったとは言い難く，「お飾り」的な印象をぬぐえない。

さらにガバナンス関連のリストラクチャリングの有効性の欠如をもたらした要因として，同社の経営陣に問題があったのかもしれない。同社は，創業時から2007年まで経営陣に創業者一族である井植一族が常に存在していたものの，彼らの持株比率は必ずしも高いものではなかった。たとえば，2000年３月期において，役員の中に井植姓は３名おり，彼らの持株比率の合計は1.04%であった。この数値は，個人株主としては高い持株比率かもしれないが，同社の十大株主の持株比率の合計が29.69%であることを考えると，創業者一族が支配権を維持し続けるほど高い持株比率とはいえないであろう。それにもかかわらず，同社では井植一族が役員として常に存在し，多くの場合，代表取締役となっていたのである。なぜ，このような状況が同社で継続していたのかは明らかではないが，１%程度の低い持株比率で創業者一族が同社の経営を行っていたのであれば，株主との利害は必ずしも一致せず，そのことが従業員数の削減を遅らせた一因となっていたのかもしれない。

32　三洋電機アーカイブスプロジェクトチーム（2014），623頁。

5　おわりに

本章では，人件費を削減するためにはどのような方策が存在し，それらがどのような効果を有するのかについて，三洋電機の事例についてみてきた。企業の人件費は，従業員数×賃金額であるため，人件費を削減するためには，従業員数を減らすか，あるいは１人当たりの賃金額を減少させる必要がある。従業員数の削減方法としては，減員不補充，出向・転籍，早期退職制度，整理解雇があり，賃金額の削減としては賃金の引下げとワークシェアリングが存在する。どの方策にもそれぞれメリットとデメリットがあり，どれが最も望ましいとは言い難い。ただし，日本では終身雇用の「幻想」が従業員を含む社会全体で共有されているのであれば，整理解雇については法的に可能であったとしても実施のコストは極めて高くなり，実施そのものが困難であろう。その結果，かなり業績が悪化するようなケースでなければこれらの方策の実施は困難なのかもしれない。

三洋電機は2011年にパナソニックによって買収されたが，この買収は実質的には救済であり，三洋電機の経営上の失敗として位置づけられる。同社はバブル崩壊後の業績悪化に対して，減員不補充，出向・転籍，早期退職，賃金削減，ワークシェアリングなど多様な人件費削減策を実施してきたものの，これらはいずれも十分ではなく，そのことが業績低迷の一因となったと考えられる。すなわち，同社は単独・連結での事業規模の縮小は行ったものの，連結ベースでの従業員数の削減をほとんど行っておらず，このことが業績低迷の一因となった可能性がある。そして，その背景として持株比率が低いながらも創業者一族が経営陣に創業時より存在し続けたことが，不十分な人件費削減策を行った要因として考えられるのである。

第8章

経営改革の評価と展望

これまで，2000年以降に日本企業が実施した6つの経営改革に関するケースをみてきた。ここでは，これらのケースについて再検討を行うとともにそれぞれのケース間の関係性についてみていく。そのうえで，経営改革に関する展望を述べる。

第2章では，債務の株式化について長谷工のケースについてみた。債務の株式化は，企業の負債を当該企業の株式へ転換することを意味し，当該企業にとって資本構成を大きく変化させることができる。そのため，負債比率が過度に高い状態にある企業にとって，負債比率を低下させる便利な手法である。ただし，これを実施するためには債権者の同意が必要であり，そのための条件として，①当該企業が倒産すれば，債権者が実際に回収できる額が大幅に減少することが見込まれること，②債務の株式化により当該企業が当面，倒産を回避することができること，③長期的には業績が改善し，それに伴って株価の上昇が見込まれることが挙げられ，③の条件を満たすことが当該企業にとって最も難しいと考えられた。

長谷工のケースでは，同社の得意分野であったマンション関連事業へ事業を集約することにより，その後の業績改善と株価の上昇を達成することができた。このケースからわかるように，債務の株式化は資本構成を簡単に変更させ，倒産を回避できるというものではない。仮に，高負債比率の原因となった事業を再編することなく，債務の株式化のみを実施したとしても，一時的な延命措置に過ぎなかったであろう。そのため，債務の株式化は長谷工でみたように，それ以外のリストラクチャリングとセットで用いられて初めて経営改善に寄与することができるのである。本書では取り扱わなかったものの，同社がマンション関連事業へ事業を集約する過程においては，従業員の異動や削減などが必要不可欠であり，企業内の軋轢もあったことが想起されるが，これを乗り越えて同社は事業再編を実施したものと思われる。

第3章では，配当優先株の発行について伊藤園のケースについてみた。配当優先株は，1990年代末に一部の銀行が政府を引受先として大量の配当優先株を発行し，公的資金の注入を受けたことを契機として注目されるようになった。その後，配当優先株を発行する日本企業は増加したが，そのほとんどが第三者割当による増資であり，配当優先株を株式市場に上場しているのは伊藤園のみである。そのため，同社を対象とすることで普通株と配当優先株の株価の比較を行った。普通株と配当優先株の株価の差は，配当額，議決権の価値，流動性，あいまい性回避コストという4要因から説明できると考えられるものの，理論的に普通株と配当優先株のどちらの価値が高いのかは明らかではない。

伊藤園のケースでは，①配当優先株の株価は発行当初から普通株よりも低く，②2013年以降は価格乖離が拡大していった。①については，発行時から議論になっており，あいまい性回避コストなどで説明することができるかもしれない。しかしながら，②については発行時の議論では説明がつかなく，別の説明が必要となる。同社の配当優先株の場合，普通株と比較して流動性およびTOPIXのようなマーケット・インデックスとの連動性が低いことが価格差の拡大を生み出していた。ただし，同社は長谷工とは異なり，配当優先株の発行時に経営が悪化していたわけではなく，そもそもパフォーマンスを改善させることを企図して配当優先株を発行していない可能性がある。同社の配当優先株には，普通株がTOBの対象となり，買収者によって普通株の過半数が買い占められた場合，配当優先株を普通株に転換する条件が付与されており，敵対的M&Aの防衛策としての役割を持っているのかもしれない。その場合，同社にとって，あるいはより一般的に企業経営上，このような防衛策が必要であるのかについては別途検討する必要があろう。

第4章では，企業グループ再編の一手段としての純粋持株会社の利用について，ビール会社3社のケースについてみた。純粋持株会社は1997年の独占禁止法の改正以降，日本において利用可能となっており，そのメリットとして事業再編が挙げられた。そのため，事業再編の必要性のある企業が，実際に事業再編を行うような状況のもとで純粋持株会社を採用するのであれば，そのメリットを享受することができると考えられた。

サッポロ，キリン，アサヒの3社はほぼ同時期に親会社を純粋持株会社とする組織再編を実施しており，その際の動機についても多角化の実施，言い換えれば非ビール事業を拡大させる点で同様であった。一方，3社はビール事業を主たる事業としている点で同様であったものの，非ビール事業の状況は著しく異なっていた。サッポロは不動産事業を行っており，同事業は同社のビール事業と比較して高収益であった。これに対し，キリンは医薬品事業を行っており，同事業の収益性はビール事業とおおむね同等であった。最後に，アサヒは食品・医薬品事業を行っていたものの，ビール事業と比較してかなり低収益であった。

このような状況のもとで，アサヒは非ビール事業を拡大させる必要は必ずしもなかったのかもしれない。一方，サッポロとキリンには非ビール事業の拡大という事業再編を実施するメリットが存在していたものの，実際に非ビール事業を拡大させたのはキリンのみであり，サッポロは反対に非ビール事業を縮小させている。これらの結果，純粋持株会社採用のメリットを享受できたのはキリンのみであり，同社の純粋持株会社採用に対してのみ株式市場は大きくプラスに反応した。

ただし，アサヒについては本業のビール事業が好調である間に他部門へ進出し，長期的視点から非ビール事業を育成しようとしたのかもしれない。第1章でも述べたように，企業の事業活動は連続性のある長期的な取組みのなかで行われることが多いため，純粋持株会社の採用を契機として長期的視点から非ビール事業の拡大を企図していた可能性がある。

第5章では，共同出資を通じた事業分離についてエルピーダのケースについてみた。本来，共同出資と事業分離は異なる概念であるものの，一部の日本企業は共同出資を通じた事業分離を実施してきた。エルピーダの場合，日立とNECがDRAM事業を現物出資することで設立された。すなわち，日立とNECにとってエルピーダを設立することでDRAM事業を分離することが可能となる。共同出資を通じた事業分離は選択と集中と規模の経済という2つのメリットが期待され，設立企業はこれらを享受することができる可能性がある。

エルピーダの設立当初，日立とNECはエルピーダへ50%ずつ出資していたものの，エルピーダの上場を機にともに持株比率を低下させ，エルピーダが会社更生法の適用を申請する2012年にはほとんど資本関係のない状態となる。このケースでは，設立時，三菱電機のDRAM事業買収時，上場時の3時点において選択と集中または規模の経済の効果が見込まれた。ただし，実際の日立とNECの株価の変化からは，規模の経済の効果のみ観察された。会社設立による事業分離が株式市場から十分に評価されなかった一因として，共同出資による事業分離が，セル・オフなど他の事業分離と比較して長期間を要することにあるのかもしれない。また，日立とNECに関しては，共同出資の対象となったDRAM事業の規模が相対的に小さかったことや，両企業が経営不振となっていた原因がDRAM事業以外にも存在していたことなどが十分に評価されなかった理由かもしれない。

ここでの経営改革の対象は日立とNECであり，エルピーダではない。しかしながら，設立後の同社の経営は興味深い。坂本幸雄氏が社長となってから，日立とNECから来た従業員の軋轢解消や資金繰りの問題，ターゲットとすべき市場の変更など，孤軍奮闘しつつも最後は資金繰りの問題から会社更生法の適用を申請することになる。親会社側の都合で切り離された企業ではあったのかもしれないが，最後まで存続を模索し続けた点において企業経営上，参考に値する。

第6章では，日立製作所を対象とし，同社の子会社上場と完全子会社化についてみた。日立は長年にわたり1,000社近い子会社を有しており，その一部を株式市場に上場させ，上場子会社として存続させてきた。しかしながら，1999

年における商法改正以降，株式交換制度を用いて上場子会社の株式を100%取得する，いわゆる完全子会社化を実施するようになった。同時にこの時期以降，子会社を上場させる件数も減少し，その結果として同社の上場子会社の数はピーク時の26社から2018年には5社へ減少した。そこで，なぜ同社が子会社を上場させてきたか，あるいはなぜ上場子会社を対象とした完全子会社化を実施するようになったのかについてみた。

同社が子会社を上場させる動機の大部分が不明であったのに対し，子会社側の動機としては主として資金調達が挙げられた。一方，完全子会社化の親会社側の動機として，成長分野の取り込みや重複の解消などが挙げられた。さらに，子会社上場と完全子会社化は反対の経営行動であるにもかかわらず，どちらのケースにおいても親会社の株価を高めることが明らかとなった。また，完全子会社化を実施する動機として，成長分野の取り込み，重複の解消，重点・関係強化などが挙げられたが，実際に実施されたのは重複の解消のみであり，そのことが株価を高めることも明らかとなった。すなわち，上場子会社を対象とした完全子会社化を実施し，そののちに親会社－当該子会社間の事業再編を実施することで重複の解消を行っていたのである。

これまで，同社が事業を拡大させる過程において，子会社を上場させ，より自律的な経営を子会社に促すことが望ましかったのかもしれない。しかしながら，同社は多数の子会社を有することから，企業グループ間での事業の重複の問題が深刻となり，今度は完全子会社化を実施するようになったのではないかと思われる。

第7章では，人件費の削減について三洋電機のケースについてみた。企業の人件費は，従業員数×賃金額であるため，人件費を削減させるためには，従業員数を減らすか，あるいは1人当たりの賃金額を減少させる必要がある。早期退職制度や整理解雇をはじめとして，どちらにも様々な方法があるが，いずれもメリットとデメリットがあり，最善の方法は存在しない。また，第1章でも述べたように，設立年数の古い大企業であればあるほど，いわゆる「終身雇用」神話に縛られ，従業員数の削減に躊躇する，あるいは十分に削減することができず，そのことが長期にわたって日本企業の業績を低迷させる一因となった可能性があり，三洋電機についてもこれが当てはまる。

同社はバブル前においてすら損失を計上していた点で，バブルとは無関係に業績が低迷していた。ただし，バブル崩壊後の景気低迷を受け，同社の業績は一層悪化することになった。これに対し，同社は親会社およびグループ全体での事業規模を縮小させ，さらには親会社の従業員数についても削減させた。しかしながら，同社はグループ全体の従業員を十分には削減させておらず，このことが業績低迷の一因となったと考えられる。そして，その背景として持株比率が低いながらも創業者一族が経営陣に存在していたことが，不十分な人件費削減策を行った要因として考えられるのである。同社の場合，伊藤園やサッポロ，アサヒと異なり，経営改革の失敗が，同社の存続を困難にし，パナソニックによる買収につながった。

■展　望

これまでのことからわかるように，どのような状況にある企業がどのような経営改革を実施するのかが重要であり，単純に経営改革とよばれるものを実施しさえすれば業績が回復することはない。債務の株式化や純粋持株会社でみたように，債務の株式化のみ実施したとしても，あるいは親会社を純粋持株会社とする組織再編のみ実施したとしても，その成果が得られるわけではない。それにもかかわらず，ライバル企業が実施しているから，最近多くの企業が採用しているからといった理由で特定の経営改革を行おうとする企業も存在するであろう。また，多数のサンプルを用いた実証分析を行う場合，特定の経営改革を実施したのか否か，実施した企業に平均的にどのような変化がみられたのかに焦点が当てられていることが多く，企業の個別要因については十分に分析が行われないことも多い。その点，本書のようなケース・スタディでは，少なくとも取り扱ったケースの個別要因については一定程度分析することができる。

一方，経営改革から当初企図していた成果が得られなかったとしても，ただちに当該企業の業績悪化が必ずしもみられるわけではない。三洋電機のケースでは，グループ全体での従業員削減が不十分であったことが同社の存続を困難にしたが，一方で伊藤園やサッポロ，アサヒのように当初企図した成果がみられないとしても，そのことがただちに業績や企業の存続に反映されたわけではない。経営改革を評価する難しさはこのあたりにあるのかもしれない。サッポロやアサヒは，もっと長期間を見据えて純粋持株会社の採用を考えているのかもしれない。同様に，伊藤園の配当優先株を発行した目的は，同社の業績とは無関係な敵対的M&Aの防衛策であったのかもしれない。その意味では，本書が扱った経営改革に対する評価はあくまで現時点での評価に過ぎないのであろう。

参考文献

●第1章

Baker, H.K. and H. Kiymaz (2011), "Mergers, acquisitions, and corporate restructuring: an overview" in Baker, H.K. and H. Kiymaz (eds.) *The art of capital restructuring: creating Shareholder Value through Mergers and Acquisitions*, New Jersey, John Wiley and Sons, Inc., pp.1-14.

Brickley, J.A. and L.D.V. Drunen (1990), "Internal corporate restructuring: an empirical analysis" *Journal of Accounting and Economics*, Vol.12, pp.251-280.

DePamphilis, D.M. (2017), *Mergers, acquisitions, and other restructuring activities: an integrated approach to process, tool, cases, and solutions*, Academic Press.

Gaughan, P.A. (2002), *Mergers, acquisitions, and corporate restructurings*, New York, John Wiley and Sons, Inc.

Sudarsanam, S. and J. Lai (2001), "Corporate financial distress and turnaround strategies: an empirical analysis" *British Journal of Management*, Vol.12, pp.183-199.

Yawson, A. (2009), "Interaction effects of restructuring decisions on operating profit following performance shocks" *Journal of Economic and Business*, Vol.61, pp.216-237.

大坪 稔 (2005)『日本企業のリストラクチャリング：純粋持株会社・分社化・カンパニー制と多角化』中央経済社。

●第2章

Banerji, S. (2008), "Asset sales and debt-equity swap under asymmetric information" *Economics Letters*, Vol.99, pp.189-191.

Hand, J.R.M. (1989), "Did firms undertake debt-equity swaps for an accounting paper profit or true financial gain?" *The Accounting Review*, Vol.64, No.4, pp.587-624.

砂川伸幸 (2002)「フィナンシャル・ディストレス・コストと負債のリストラクチャリング：債務免除と債務の株式化」『証券アナリストジャーナル』, 第40巻, 47-59頁。

大坪 稔 (2005)『日本企業のリストラクチャリング：純粋持株会社・分社化・カンパニー制と多角化』中央経済社。

関 雄太 (2002)「日本企業におけるデット・エクイティ・スワップ（債務の株式化）」『資本市場クォータリー』, 第5巻4号（春号）, 1-14頁。

熊倉修一（2004）「金融機関によるデット・エクイティ・スワップに関する若干の考察」『武蔵大学論集』，第51巻３・４号，71-86頁。

長谷工コーポレーション70年史編纂室（2007）『長谷工コーポレーション70年史：住まいのオンリーワン・グループを目指して』大日本印刷。

●第３章

宇野 淳・山田 隆（2008）「優先株式のプライシング：無議決権・低流動性・投資制約：伊藤園のケース」『ワーキングペーパー（早稲田大学）』，１-27頁。

神田秀樹（2020）『法律学講座　会社法　第二十二版』弘文堂。

谷川寧彦（2009）「会社法における種類株式設計の柔軟化とそのコスト」『商学研究科紀要（早稲田大学）』，第68巻，１-13頁。

冨所卓也（2008）「株価が低迷する伊藤園の上場優先株」『金融財政事情』，2008年２月４日号，51-53頁。

福田充男（2014）「優先株式発行に伴う株価反応と銀行の役割」『京都産業大学論集（京都産業大学）』，第31巻，15-27頁。

福田充男・曹 菲（2013）「日本の優先株式発行企業の業績」『京都産業大学論集（京都産業大学）』，第30巻，35-49頁。

●第４章

足立龍生・山崎 直・宇垣浩彰（2010）「純粋持株会社体制におけるグループ経営上の落し穴」『Mizuho Industry Focus』，第89号，１-19頁。

大坪 稔（2005）『日本企業のリストラクチャリング：純粋持株会社・分社化・カンパニー制と多角化』中央経済社。

大坪 稔（2020）「持株会社は企業をどう変化させたのか」（下谷政弘・川本真哉 編（2020）『日本の持株会社：解禁20年後の景色』第４章，有斐閣，75-97頁）

川村倫大（2007）「“日本的”持株会社経営の今」『季刊政策・経営研究』第３号，１-12頁。

園田智昭（2006）「純粋持株会社による企業グループ管理の課題」『BUSINESS RESEARCH』，第987号，41-47頁。

通産省産業政策局（1995）『企業組織の新潮流』通商産業調査会。

塘 誠（2008）「日本の純粋持株会社におけるマネジメント・コントロール上の課題」『経済研究（成城大学）』，第180号，23-46頁。

真木和久（2013）「最近の持株会社をめぐる動向」『旬刊経理情報』，第1336号，10-13頁。

松下満雄 監修（1996）『持ち株会社解禁』朝日新聞出版。

武藤泰明（1997）『すぐわかる持ち株会社のすべて』日本経済新聞社。

武藤泰明（2003）『持株会社経営の実際』日本経済新聞社。

●第5章

Bierly III, P.E. and J.E. Coombs (2004), "Equity alliances, stages of product development, and alliance instability" *Journal of Engineering and Technology Management,* Vol.21, pp.191-214.

Chan, S.H., J.W. Kensinger, A.J. Keown, and J.D. Martin (1997), "Do strategic alliances create value?" *Journal of Financial Economics,* Vol.46, pp.199-221.

江頭憲治郎（2006）『株式会社法』有斐閣。

遠藤典子（1999）「NEC・日立半導体で提携：DRAMでの生き残り賭ける」『週刊ダイヤモンド』, 1999年7月3日号, 145頁。

大坪 稔（2011）『日本企業のグループ再編：親会社－上場子会社間の資本関係の変化』中央経済社。

角田光弘（2006）「半導体企業の戦略的課題と持続的競争優位：能力ベース論と事例研究に基づく試論的な分析フレームワーク」『三田商学研究（慶應義塾大学）』, 第48巻6号, 129-145頁。

坂本幸雄（2013）『不本意な敗戦』日本経済新聞出版社。

鈴木洋子・深澤献（2002）「成否の剣ヶ峰 日立大事業再編」『週刊ダイヤモンド』, 2002年6月8日号, 42-48頁。

多田和市・山崎良兵（1998）「DRAM価格の大下落で青色吐息見えぬ出口, 新たな収益源が必要」『日経ビジネス』, 1998年10月12日号, 42-46頁。

堀内勇世（2007）「会社法の会社分割とは」『大和総研レポート（大和総研）』, 1-4頁。

湯之上隆（2006）「日本半導体産業・復活への提言：経営者も技術者も「もうける決意」が必要だ」『NIKKEI ELECTRONICS』, 2006年10月9日号, 143-150頁。

●第6章

井上光太郎・加藤英明（2006）『M&Aと株価』東洋経済新報社。

大坪 稔（2011）『日本企業のグループ再編：親会社－上場子会社間の資本関係の変化』中央経済社。

小佐野広（2001）『コーポレートガバナンスの経済学：金融契約理論からみた企業論』日本経済新聞社。

小本恵照（2001）「子会社公開の経済分析」『ニッセイ基礎研究所報』, 第19巻, 46-73頁。

柴田むつみ（2009）「上場五社の完全子会社化でも日立改革に立ちはだかる難題」『週刊ダイヤモンド』, 2009年8月8日号, 17頁。

竹澤康子・松浦克己（2017）「親子上場している子会社の業績：連結決算ベースの分析」『経済論集（東洋大学）』, 第42巻2号, 11-27頁。

●第７章

浅倉むつ子・島田陽一・盛 誠吾（2008）『労働法 第３版』有斐閣アルマ。

蟻川靖浩・井上光太郎・斎藤卓爾・長尾耀平（2017）「日本企業の低パフォーマンスの要因：国際比較による検証」（宮島英昭 編（2017）『企業統治と成長戦略』，第12章，東洋経済新報社，397-427頁）

大竹文雄・谷坂紀子（2002）「雇用削減行動と株価」（玄田有史・中田喜文 編（2002）『リストラと転職のメカニズム：労働移動の経済学』，第１章，東洋経済新報社，１-23頁）

熊沢　誠（2003）『リストラとワークシェアリング』岩波新書。

久保克行（2017）「日本企業の雇用削減は変化してきたのか」（宮島英昭 編（2017）『企業統治と成長戦略』，第12章，東洋経済新報社，253-279頁）

三洋電機アーカイブスプロジェクトチーム（2014）『三洋電機　経営史』三洋電機株式会社。

菅野和夫（2017）『法律学講座双書 労働法（第11版補正版）』弘文堂。

日本労働弁護団（2009）『労働相談実践マニュアル　ver.5 補訂版』日本労働弁護団。

樋口美雄 編（2002）『日本型ワークシェアリングの実践』生産性出版。

索　引

英数

Alliance……95
Classified Stock……42
Corporate restructuring……6
CSR……1
DDM……43
Debt Equity Swap……13
Debt overhang……18
DIP型会社更生手続……124
Divestment……5
Equity alliance……96
Equity carve out……7, 130
ESG……1
GHQ……173
holding company……68
Joint venture……95
Layoff……7
LBO……8
Leveraged Buyout……8
M&A……1, 85
Management Buyout……8
MBO……8, 151
Non-equity alliance……96
operating holding company……68
partial acquisition……97
pure holding company……68
reciprocal holding……97
ROA……26, 55
ROE……55
Sell off……7, 100
Spin off……7, 102
split-offs……103
split-ups……103
TOB……45
TOPIX……53, 59

あ

あいまい性回避コスト……46
一時出向……163
イベント・スタディ・アプローチ……93
インカムゲイン……50
インセンティブ……131, 137
インデックス運用……53, 59
営業譲渡……71
営業譲受……24
エージェンシー問題……131
エクイティ・カーブ・アウト……7, 130
オーバーアロットメント……51

か

解雇……164
外国法人等株主……55
会社更生法……123, 124
会社分割……3, 71, 104
外部リストラクチャリング……7
過剰債務……18
ガバナンス……98
株式移転……3, 71
株式公開買付け……45
株式交換……3, 71
株式の一部取得……97
株式分割……53
株式持合……98
株主資本コスト……43
株主総会……40
株主優待制度……52
完全親会社……72

完全子会社……72
完全子会社化……135
カンパニー制……80, 90
企業別組合……170
議決権……40, 45, 52
期待リターン……94
希望退職……161
規模の経済……107
キャッシュフロー……43
キャピタルゲイン……50
救済買収……173
吸収分割……104
給与カット……167
共益権……40
協調融資……124
共同出資……7, 95, 99
業務提携……7, 96
銀行法……20
銀行持株会社……69
金融持株会社……69
経営統合……67, 71, 73
経営リストラクチャリング……7
契約……96
減員不補充……160, 182
現在価値……43
検査役……20, 71
現物出資……20, 99, 108
券面額説……19
公的資金……47
合弁会社……95
公募増資……153
コーポレート・ガバナンス……188
子会社上場……101, 130
個人投資家……55
５%ルール……21
個別リスク……94
混合株式……40

さ

再建型手続……124
財テク……2
財閥指定……173
債務超過……16
債務不履行……15
債務免除……31
財務リストラクチャリング……7, 13, 15
産業競争力会議……18
産業再生法……3, 21
残差リターン……94
三種の神器……170
残余財産分配請求権……40, 52
自益権……40
事業の再構築……6
事業分離……95, 100
事業本部制……178
事業持株会社……68
事業リストラクチャリング……7
資金繰り……124
資産リストラクチャリング……7
自社株……53
自社株の買戻し……8
市場モデル……94
市場リスク……94
自然減……160
執行役員制……188
シナジー効果……96
資本構成……7, 13
資本提携……7, 80, 96
社外取締役……187
就業規則……164, 167
終身雇用……6, 170
出向……163, 183
種類株……42, 121
純粋持株会社……68
証券コード……60

上場子会社……130
少数株主……45, 136, 137
情報効果……187
情報の非対称性……49, 131, 136
新設分割……104
人的分割……106
ストック・オプション……131, 137, 188
スピン・オフ……7, 102
スプリット・アップ……103
スプリット・オフ……103
整理解雇……164
整理解雇の四要件……165
セル・オフ……7, 100
選択定年制……161
選択と集中……107, 142, 150
早期退職……185
早期退職制度……161
創業者……62, 188
創業者利得……130
総資産連単倍率……82
相乗効果……96

た

第三次M&Aブーム……104
第三者割当……47
第三者割当増資……31
退職出向……163
大日本麦酒……80
ダイベストメント……5, 7
第四次M&Aブーム……104, 107
脱多角化……95
中間持株会社……5, 69
中小企業経営革新支援法……3
懲戒解雇……164
賃金削減……184
提携……7, 95, 96
敵対的M&A……45, 52
デット・エクイティ・スワップ……13
デット・オーバーハング……18
転籍……163, 183
独占禁止法……20, 70

な

内部リストラクチャリング……7
内部留保……16
年功序列……170

は

配当性向……57
配当政策……7
配当の参加性……41
配当の累積性……41
配当割引モデル……43
バブル期……2
非正規社員……160
評価額説……19
普通解雇……164
普通株……40
物的分割……106
不利益変更……167
分社化……71, 105, 129
保証効果……49

ま

メインバンク……13, 31
持株会社……68
モニタリング……49

や

優先株……40
諭旨解雇……164
予定配当率……41

ら

ライセンシング……96
ラストリゾート……64

リーマンショック …………3, 10, 35, 169
利益配当請求権 ……………………………40
利害対立問題 ………………………………137
リストラクチャリング ……………………6
流動性 …………………………………45, 63
累積残差リターン …………………………94
レイオフ ………………………………………7
劣後株 …………………………………………40
連結子会社 …………………………………10
労働協約 ……………………………167, 173
労働組合 ……………………166, 167, 173
六大企業集団 ………………………………98

わ

ワークシェアリング ……………169, 184

【著者紹介】

大坪　稔（おおつぼ みのる）

1971年　福岡県生まれ
1995年　九州大学経済学部経営学科卒業
2000年　九州大学大学院経済学研究科博士後期課程単位修得退学
2002年　佐賀大学経済学部　准教授
2012年　佐賀大学経済学部　教授
2013年　九州大学大学院経済学研究院　准教授
2016年　九州大学大学院経済学研究院　教授　（現在に至る）
2018年　公認会計士試験 試験委員　（経営学，現在に至る）

主要業績：『日本企業のグループ再編―親会社－上場子会社間の資本関係の変化―』（中央経済社，2011年）
『日本企業のリストラクチャリング―純粋持株会社・分社化・カンパニー制と多角化―』（中央経済社，2005年）
「純粋持株会社は日本企業をどう変化させたのか」（『経営史学』，第54巻，第2号，2019年）
"Why do firms underwrite private placement shares of other firms? Case of Japanese firms" (*Pacific-Basin Finance Journal*, Vol.41, 2017)

失敗と成功の経営改革

2021年4月15日　第1版第1刷発行

著者　大坪　稔
発行者　山本　継
発行所　㈱中央経済社
発売元　㈱中央経済グループパブリッシング

〒101-0051　東京都千代田区神田神保町1-31-2
電話　03（3293）3371（編集代表）
03（3293）3381（営業代表）
https://www.chuokeizai.co.jp
製版／三英グラフィック・アーツ㈱
印刷／三英印刷㈱
製本／㈲井上製本所

ISBN978-4-502-38151-5　C3034